書き込み式 漢字検定4級 問題集

成美堂出版

もくじ

第1章
学習ドリル 配当漢字表＆練習問題

出題範囲を集中学習！ まちがえたら冒頭の配当漢字表にもどって徹底的に覚えよう！

第2章
実力チェック!! 本試験型テスト

合格は140点以上。まちがえたところは別冊の解答・解説でしっかり復習しよう！

巻末資料 理解を深める資料集

別冊 解答・解説

学習ドリルの練習問題と本試験型テストの解答は別冊に詳細な解説入りでまとめて掲載！

4級の出題範囲　徹底攻略

出題される漢字は1339字

漢字検定4級では、常用漢字のなかの**1339字**が出題範囲となり、5級から**313字**増えました。

漢字を読ませる問題では**8〜9割**、漢字を書かせる問題では**3〜7割**で4級の漢字が使われており、それ以外は下級の漢字です。

ただし、下級の漢字でも**中学校で習う読み**や**熟字訓・当て字、特別な音訓**(⬇本冊**P**136)が出題されています。

✪ 4級の問題番号と出題内容※1

問題番号	出題内容	
大問(一)	読み	← 問題数が30問へ増加
大問(二)	同音・同訓異字	← 記号を選んで答える問題へ変更
大問(三)	漢字識別	
大問(四)	熟語の構成	← 選択肢「オ」が追加
大問(五)	部首	← 部首のみ記号で答えるよう変更
大問(六)	対義語・類義語	
大問(七)	漢字と送りがな	
大問(八)	四字熟語	← 短文中に四字熟語が使われている問題へ変更
大問(九)	誤字訂正	
大問(十)	書き取り	

■部分は5級からの変更点
赤字は4級からの新規問題

4級の要注意問題の対策

「熟語の構成」の見分け方

熟語の構成の問題は、二字の熟語の上下の漢字がどのような関係にあるかを**5つの選択肢《し》から答える**、普段あまり目にしないタイプの問題です。

熟語の構成には次のようなパターンがあり、それぞれ見分けられるようにしておけば得点しやすい問題です。

ア 同じような意味の漢字を重ねたもの

(例) 獲得(かくとく)
獲：物をとること ＝ 得：物をとること

上の字と下の字、それぞれの漢字の意味を考え、同じような意味であればこの構成。

イ 反対または対応の意味を表す漢字を重ねたもの

(例) 栄枯(えいこ)
栄：栄えること ⇔ 枯：おとろえること

上の字と下の字、それぞれの漢字の意味を考え、反対または対応する意味であればこの構成。

ウ 上の字が下の字を修飾しているもの

(例) 握力(あくりょく)
にぎる ちから

上の字から下の字に読むと意味がわかるものはこの構成。

エ 下の字が上の字の目的語・補語になっているもの

(例) 遅刻(ちこく)
時刻(に) おくれる

下の字に「て・に・を・は」をつけ、下の字から上の字に読むことができればこの構成。

オ 上の字が下の字の意味を打ち消しているもの

(例) 未婚(みこん)
結婚して いない

上の字が打消しの意味を表す「不」「未」「無」「非」であればこの構成。

※1 本書は出題が予想される形式で構成しています。実際の試験は、公益財団法人 日本漢字能力検定協会の審査基準の変更の有無にかかわらず、出題形式や問題数が変更されることもあります。

✪ 4級の審査基準

領域・内容		程度
読むことと書くこと	小学校学年別漢字配当表のすべての漢字と、その他の常用漢字約300字の読み書きを習得し、文章の中で適切に使える。 ●音読みと訓読みとを正しく理解していること。 ●送り仮名や仮名遣いに注意して正しく書けること。 ●熟語の構成を正しく理解していること。 ●熟字訓、当て字を理解していること。 （例） 小豆＝あずき　土産＝みやげ　など ●対義語・類義語、同音・同訓異字を正しく理解していること。	常用漢字（※2）のうち約1300字を理解し、文章の中で適切に使える。
四字熟語	四字熟語を理解している。	
部首	部首を識別し、漢字の構成と意味を理解している。	

※2 常用漢字とは、平成22年11月30日内閣告示による「常用漢字表」に示された2136字をいう

「漢字識別」の解き方

4級からは、3つの熟語に共通する漢字を記号で選ぶ問題が新たに追加されます。この問題を解くにあたっては、問題の熟語を知らなくては解くことができません。ただし、3つの熟語全てを知らなくても正解を導き出すことは可能です。

次のような問題と、**ア**～**ウ**の選択肢《し》がある場合を考えます。

（例）
□有・独□・□拠
ア 占　イ 立　ウ 根

まず、漢字を□に当てはめて、知っている熟語を作ります。

1 知っている熟語を作ってみる

ア……占有・独占
イ……独立
ウ……根拠

次に**1**で作った熟語以外の□にも漢字を当てはめてみます。

2 ほかの□にも漢字を入れてみる

ア……占有・独占・占拠
イ……立有・独立・立拠
ウ……根有・独根・根拠

イと**ウ**では明らかに見たこともないような熟語ができましたが、**ア**は見たことがある熟語です。どうやら**ア**が正解のようです。

このように、3つの熟語全てを知らなくても、正解を導き出すことができます。

「誤字訂正」の誤字の見つけ方

4級からは、文章の中でまちがって使われている**同じ読みの漢字一字を正しい漢字に直す**、難易度の高い問題が新たに追加されます。誤った漢字と正しい漢字は、次の3つのパターンに分けられます。

A 同じ部首をもつ場合

（例）
✕ 経　維 ― 部首が同じで似ている字
○ 経　緯（けいい）

B 同じ要素をもつ場合

（例）
✕ 発　屈 ― 似た形がある字
○ 発　掘（はっくつ）

C 誤字と正字に関係性のない場合

（例）
✕ 設　致 ― 読み以外の共通点はない
○ 設　置（せっち）

4級の採点基準

2〜10級は常用漢字で答える

【書き】　2〜10級の解答については、**常用漢字表**（内閣告示）の漢字で答えなければなりません。その他の漢字や旧字体で解答すると、まちがいになります。たとえば、「真」を「眞」と書いたり、「門」「歴」を「门」「厂」と書くと誤りになります。

【読み】　音読みも訓読みも常用漢字表が採点の基準です。常用漢字表にない読みを書くと正答とはみなされません。

【部首】　漢字検定での部首の解答は、2級以下の漢字がすべて掲載されている**『漢検要覧2〜10級対応　改訂版』**（公益財団法人日本漢字能力検定協会発行）収録の**「部首一覧表と部首別の常用漢字」**によります。部首は辞書によって多少異なる場合もありますので、よく注意してください（第1章学習ドリルそれぞれの冒頭にある**「4級配当漢字表」**を参照）。

【かなづかい】　**現代仮名遣い**（内閣告示）によります。

【送りがな】　**送りがなの付け方**（内閣告示）によります。

【字体】　字体は、**教科書体**（小学校の教科書で使用されている字の形）が基本です。本書の問題・解答・資料も教科書体を使用しています。

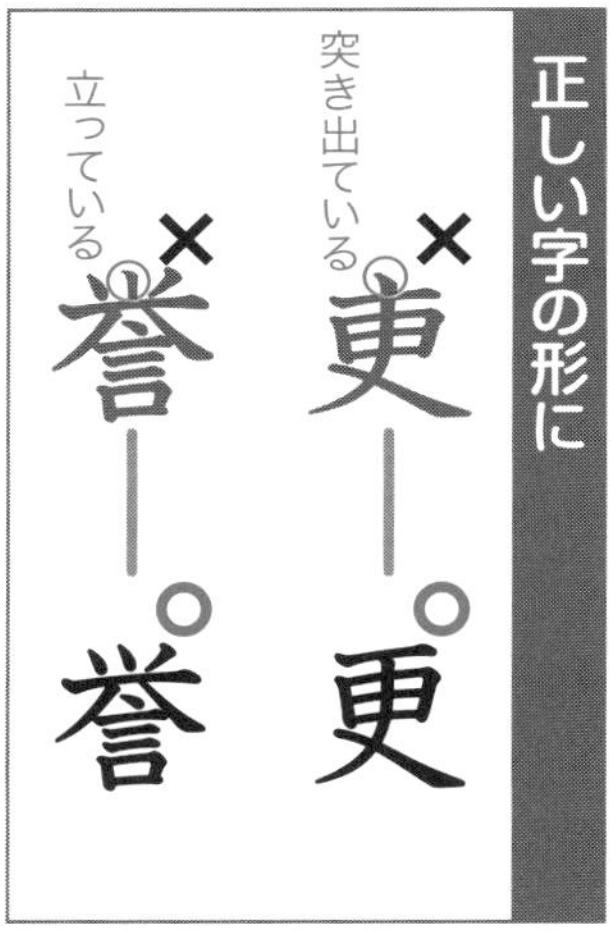

文字は正しくていねいに

筆順（点や画）を正しく書くことが大切です。くずした字を書いたり乱雑な書き方をしたりすると、採点の対象外となります。楷書で、ていねいに書くようにしてください。「はねる」「とめる」「長・短」「続ける・はなす」など、一画一画、細かいところまで気を配りましょう。

記号で答える問題は、本書では記号を書き込みますが、本番の試験ではマークシートをぬりつぶして答えます。はみ出したり、あいまいなぬり方をしたりすると採点の対象にならないことがあるので注意してください。

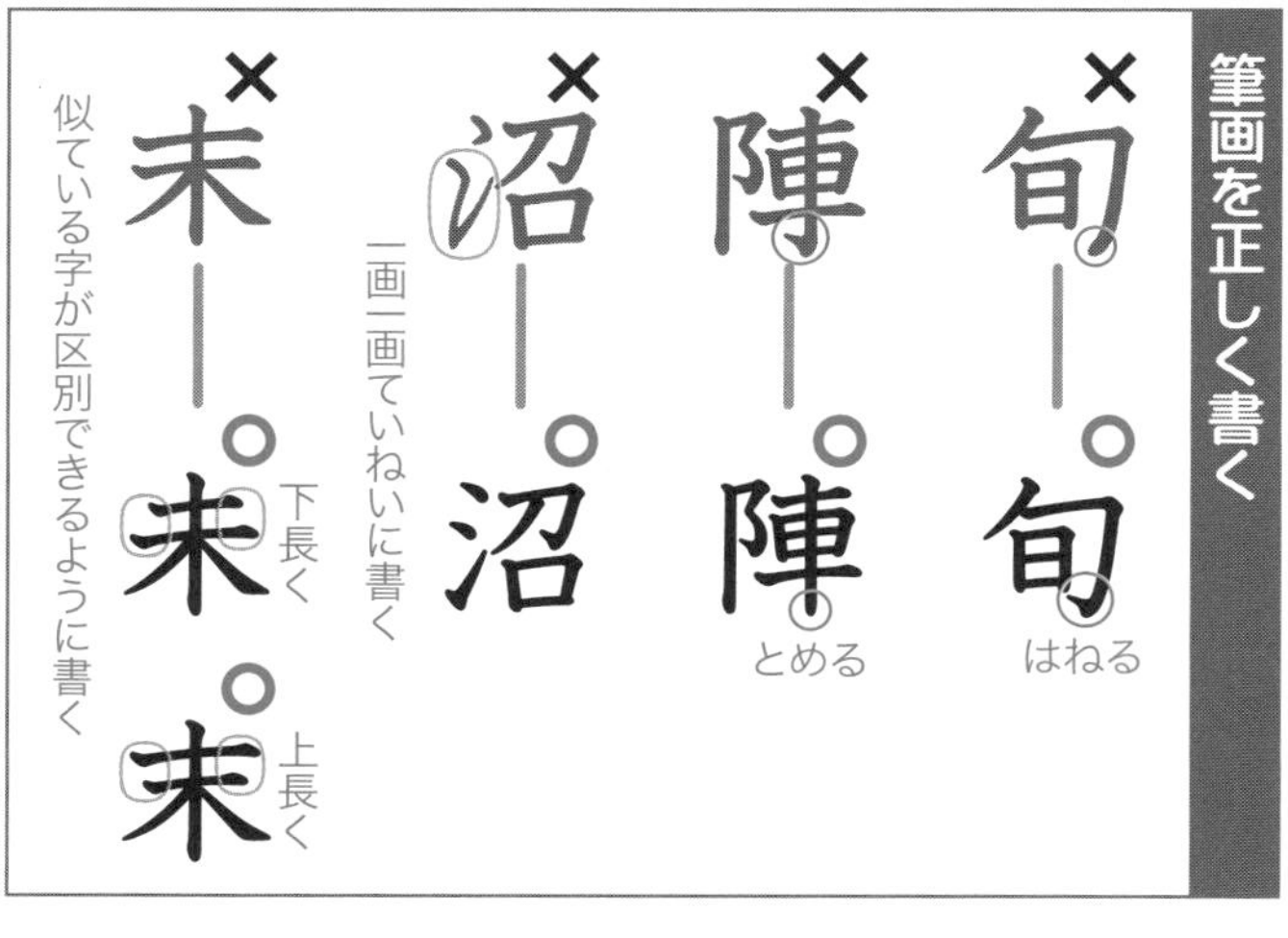

合格基準は正解率70%

合格基準は、1級〜2級は80%程度、準2級〜7級は70%程度、8〜10級は80%程度となっています。「4級」合格を目指す人は、140点程度が合格の目安になります。

4級の実施要項

受検資格

年齢や学歴、国籍にかかわらず、希望すれば、だれでも、どの級からでも受検することができます。

主な申し込み方法

受検のしかたには、「個人受検」と「団体受検」があります。また、通常の(紙の)検定のほかに、コンピュータを使って受検するシステム(漢検CBT)も実施されています。ここでは「個人受検」の申し込み方法について説明します。

【申し込み方法】 受検の申し込みは、インターネットで行います。

日本漢字能力検定協会のホームページから受検者専用サイトで申し込みを行い、クレジットカードやQRコード、コンビニ店頭で決済を行います。

【申し込み期間】 検定日のおよそ2か月前から1か月前までとなっています。

問い合わせ先

公益財団法人 日本漢字能力検定協会
【本部】
〒605-0074
京都市東山区祇園町南側551番地
TEL 075-757-8600
FAX 075-532-1110
ホームページにある「よくある質問」を読んで該当する質問がみつからなければメールフォームでお問合せください。電話でのお問合せ窓口は**0120-509-315(無料)**です。

検定日・合否の通知など

【検定実施日】 毎年、おおむね6月、10月、2月の年3回行われています(漢検CBTは、検定日にかぎらず実施されています)。スケジュールなどについては、協会に直接問い合わせるか、協会のホームページで確認してください。

【検定会場】 全国の主要都市で行われています。願書に記載されている検定会場から、自分の希望する会場を選びます。

【検定時間】 4級は60分間。開始時間の異なる級を選べば、2つ以上の級を受検することができます。

【合否の通知】 検定実施後、約5日後に漢検ホームページで標準解答がWEB公開されます。約30日後に漢検ホームページでWEB合否結果が公開され、受検者自身で合否結果を確認できるようになります。約40日後には、検定結果資料と標準解答が郵送されます。

検定当日の注意点

【持ち物】	受検票、HB・B・2Bの鉛筆(シャープペンシルも可)、消しゴムを忘れずに持っていってください。ボールペンや万年筆、こすって消せるペンの使用は認められていません。ルーペ持ち込み可。
【交通】	自動車やバイクでの来場は、原則として認められていません。公共の交通機関を使用してください。
【時間】	事前に説明などがあるため、検定開始の15分前には検定会場に入ってください。

本書は、原則として2024年2月現在の情報に基づいています。試験制度は変更されることがありますので、必ずご自身で、試験実施団体が発表する最新の情報をご確認ください。

本書の見方と使い方

STEP 1 第1章 学習ドリルで配当漢字を覚える！

配当漢字表

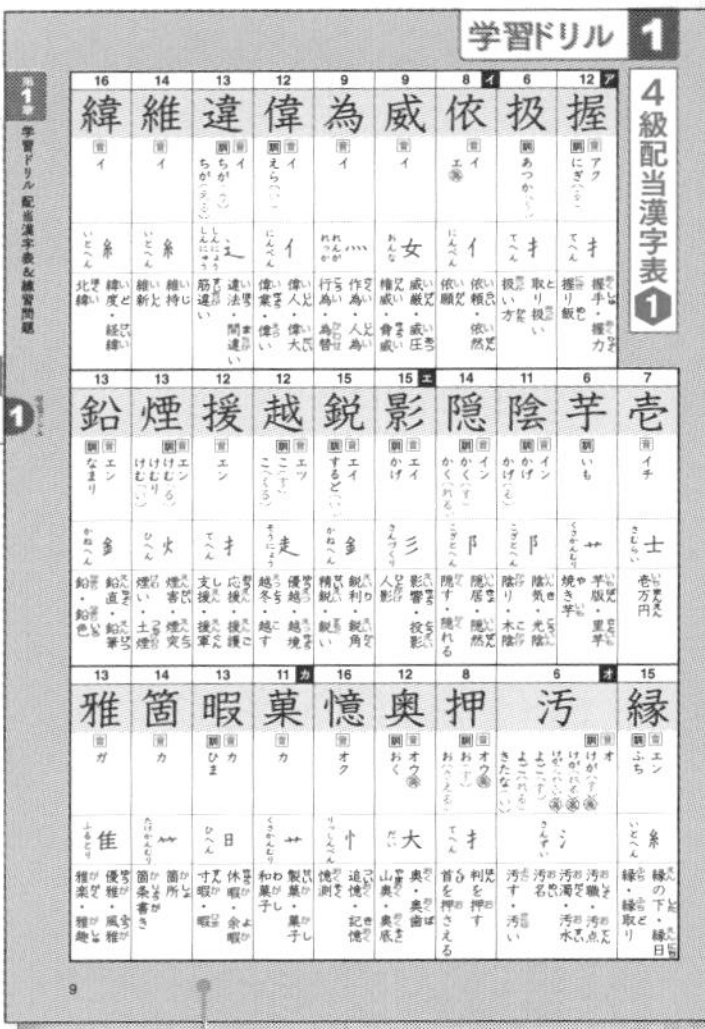

４級配当漢字の試験に出る要素を完全収録！

練習問題

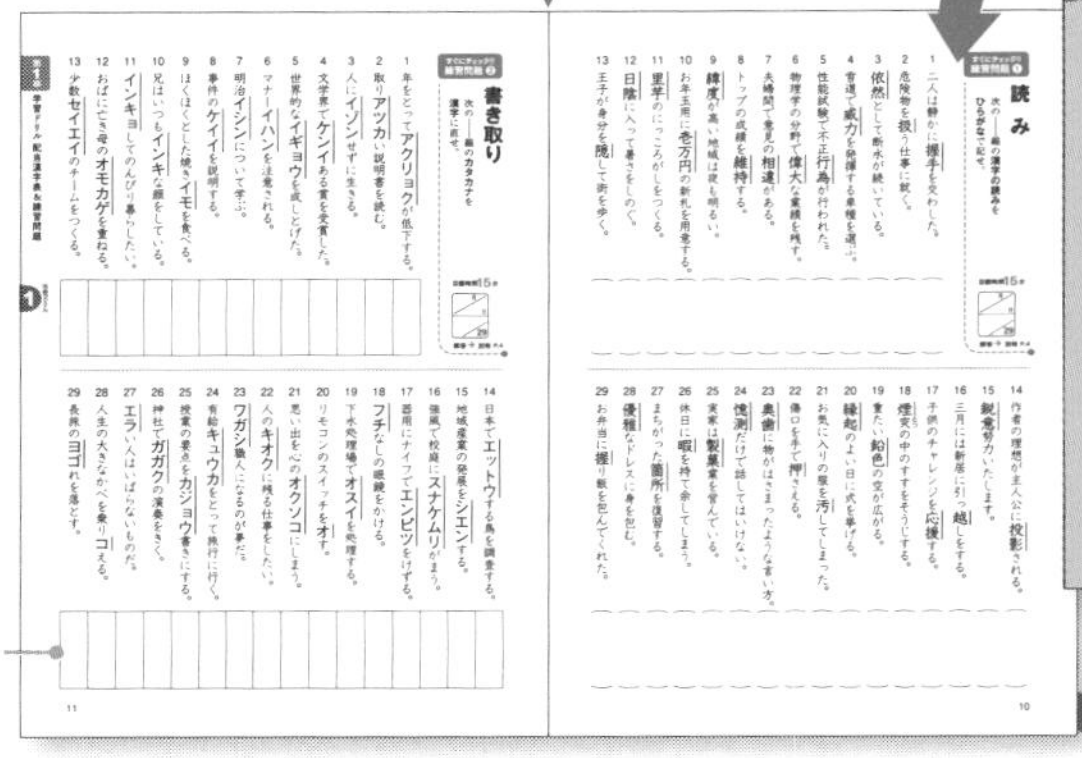

第１章では４級配当漢字３１３字を12に分け、それぞれ練習問題を解いていくことで覚えられるように構成しています。

目標時間をめやすにドンドン書き込んで答えていこう！

STEP 2 第2章 本試験型テストにチャレンジ！

本試験型テスト

第２章は本試験同様の出題形式のテストを12回分出題。まずは、時間通りに解いて合格点を目指しましょう。間違えたら別冊の解説で納得するまでしっかり復習しましょう。

実際の本試験の出題形式で出題！　解いていけば本番に強くなる！

別冊 解答・解説

学習ドリルの練習問題も本試験型テストも別冊の解答で答え合わせ。

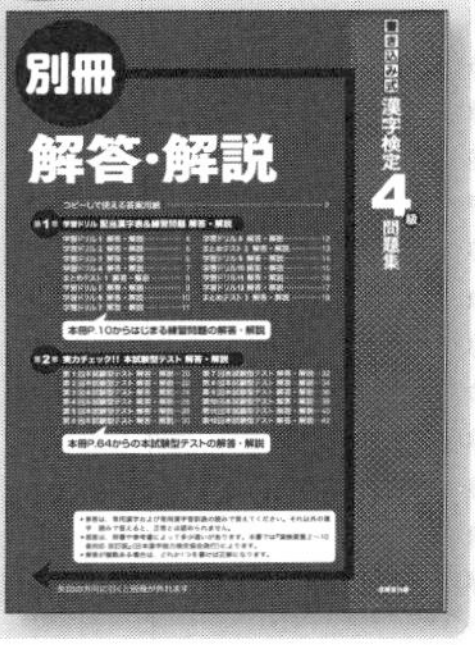

STEP 3 巻末資料 頻出語句満載！ 理解を深める資料集でレベルアップ！

同音異字

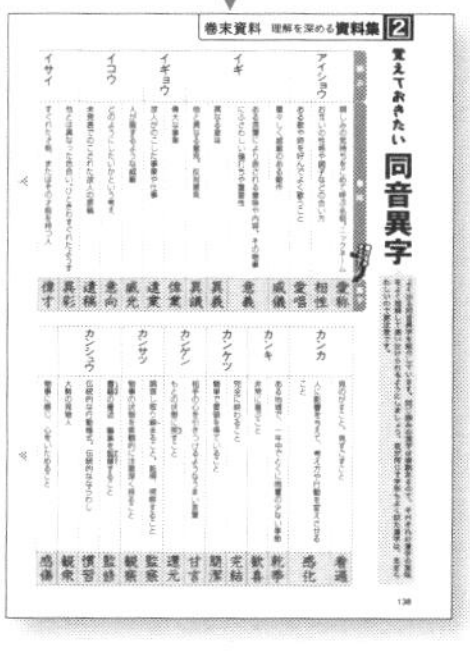

部首

四字熟語

巻末には、過去に多く出題された漢字や熟語を分野別に解説。本書のテストの復習はもちろん、本番前の予習に活用してください。

過去の本試験の出題傾向を調べ、よく出題されるものをまとめました

第1章

学習ドリル 配当漢字表 & 練習問題

出題範囲を集中学習!
まちがえたら冒頭の
配当漢字表にもどって
徹底的に覚えよう!

学習ドリルの進め方

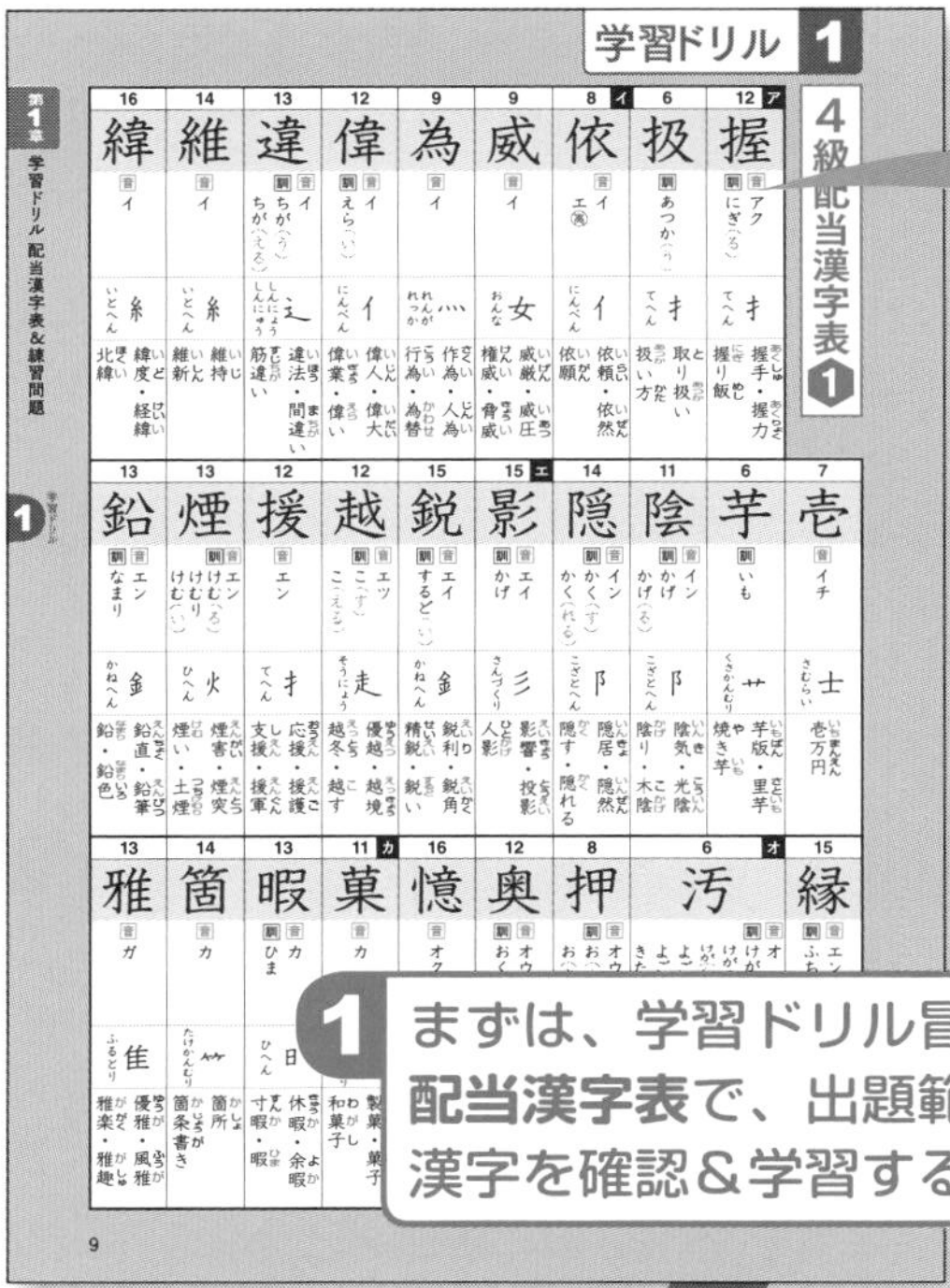

配当漢字表の見方

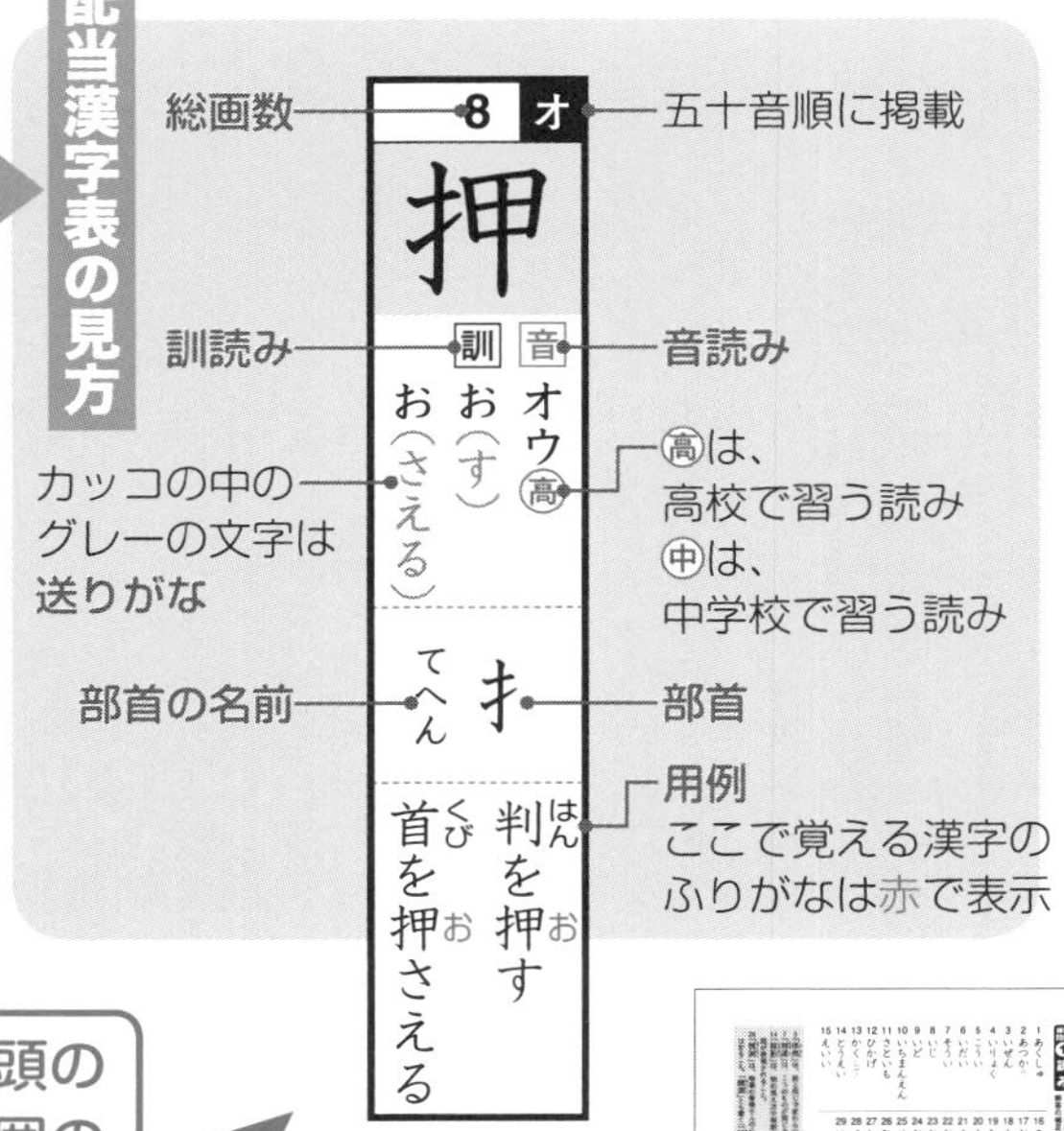

1 まずは、学習ドリル冒頭の**配当漢字表**で、出題範囲の漢字を確認＆学習する！

2 **練習問題**では配当漢字表の漢字を出題形式別に出題。どの出題方法でも対応できるようになる！

別冊 解答・解説

3 別冊で答え合わせ。まちがえたら**配当漢字表**で再確認！

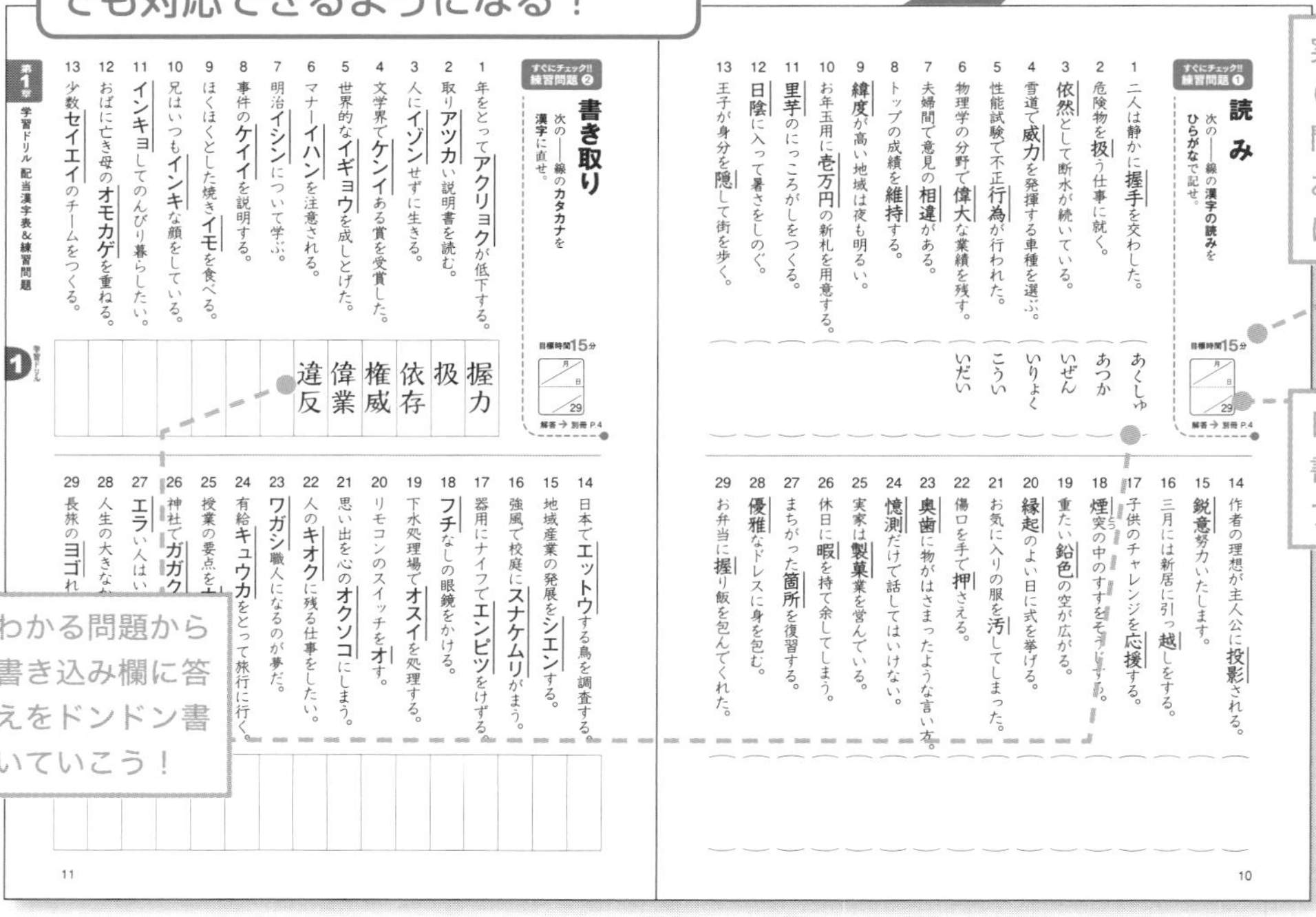

すぐにチェック!! 練習問題 1

読み

次の――線の漢字の読みをひらがなで記せ。

目標時間15分 月 日 /29

解答→別冊 P.4

1 二人は静かに握手を交わした。（あくしゅ）
2 危険物を扱う仕事に就く。（あつか）
3 依然として断水が続いている。（いぜん）
4 雪道で威力を発揮する車種を選ぶ。（いりょく）
5 性能試験で不正行為が行われた。（こうい）
6 物理学の分野で偉大な業績を残す。（いだい）
7 夫婦間で意見の相違がある。
8 トップの成績を維持する。
9 緯度が高い地域は夜も明るい。
10 お年玉用に壱万円の新札を用意する。
11 里芋のにっころがしをつくる。
12 日陰に入って暑さをしのぐ。
13 王子が身分を隠して街を歩く。
14 作者の理想が主人公に投影される。
15 鋭意努力いたします。
16 三月には新居に引っ越しをする。
17 子供のチャレンジを応援する。
18 煙突の中のすすをそうじする。
19 重たい鉛色の空が広がる。
20 縁起のよい日に式を挙げる。
21 お気に入りの服を汚してしまった。
22 傷口を手で押さえる。
23 奥歯に物がはさまったような言い方。
24 憶測だけで話してはいけない。
25 実家は製菓業を営んでいる。
26 休日に暇を持て余してしまう。
27 まちがった箇所を復習する。
28 優雅なドレスに身を包む。
29 お弁当に握り飯を包んでくれた。

10

すぐにチェック!! 練習問題 2

書き取り

次の――線のカタカナを漢字に直せ。

目標時間15分 月 日 /29

解答→別冊 P.4

1 年をとってアクリョクが低下する。（握力）
2 取りアツカい説明書を読む。（扱）
3 人にイゾンせずに生きる。（依存）
4 文学界でケンイある賞を受賞した。（権威）
5 世界的なイギョウを成しとげた。（偉業）
6 マナーイハンを注意される。（違反）
7 明治イシンについて学ぶ。
8 事件のケイイを説明する。
9 ほくほくとした焼きイモを食べる。
10 兄はいつもインキな顔をしている。
11 インキョしてのんびり暮らしたい。
12 おばに亡き母のオモカゲを重ねる。
13 少数セイエイのチームをつくる。
14 日本でエットウする鳥を調査する。
15 地域産業の発展をシエンする。
16 強風で校庭にスナケムリがまう。
17 器用にナイフでエンピツをけずる。
18 フチなしの眼鏡をかける。
19 下水処理場でオスイを処理する。
20 リモコンのスイッチをオす。
21 思い出を心のオクソコにしまう。
22 人のキオクに残る仕事をしたい。
23 ワガシ職人になるのが夢だ。
24 有給キュウカをとって旅行に行く。
25 授業の要点を
26 神社でガガク
27 エラい人はい
28 人生の大きなか
29 長旅のヨゴれ

第1章 学習ドリル 配当漢字表&練習問題

11

実際の試験の時間（60分）から目標時間を計算。時間どおりに解けば本番に強くなる！

日付と採点結果を書いて、実力アップを実感しよう！

わかる問題から書き込み欄に答えをドンドン書いていこう！

「まとめテスト」1、2、3には誤字訂正や四字熟語の問題も収録！

4級配当漢字表 1

区分	漢字	画数	読み	部首	用例
ア	握	12	音 アク 訓 にぎ(る)	扌 てへん	握手《あくしゅ》・握力《あくりょく》 握《にぎ》り飯《めし》
	扱	6	訓 あつか(う)	扌 てへん	取《と》り扱《あつか》い 扱《あつか》い方《かた》
イ	依	8	音 イ エ(高)	亻 にんべん	依頼《いらい》・依然《いぜん》 依願《いがん》
	威	9	音 イ	女 おんな	威厳《いげん》・威圧《いあつ》 権威《けんい》・脅威《きょうい》
	為	9	音 イ	灬 れんが れっか	作為《さくい》・人為《じんい》 行為《こうい》・為替《かわせ》
	偉	12	音 イ 訓 えら(い)	亻 にんべん	偉人《いじん》・偉大《いだい》 偉業《いぎょう》・偉《えら》い
	違	13	音 イ 訓 ちが(う) ちが(える)	辶 しんにょう しんにゅう	違法《いほう》・間違《まちが》い 筋違《すじちが》い
	維	14	音 イ	糸 いとへん	維持《いじ》 維新《いしん》
	緯	16	音 イ	糸 いとへん	緯度《いど》・経緯《けいい》 北緯《ほくい》
	壱	7	音 イチ	士 さむらい	壱万円《いちまんえん》
	芋	6	訓 いも	艹 くさかんむり	芋版《いもばん》・里芋《さといも》 焼《や》き芋《いも》
	陰	11	音 イン 訓 かげ かげ(る)	阝 こざとへん	陰気《いんき》・光陰《こういん》 陰《かげ》り・木陰《こかげ》
	隠	14	音 イン 訓 かく(す) かく(れる)	阝 こざとへん	隠居《いんきょ》・隠然《いんぜん》 隠《かく》す・隠《かく》れる
エ	影	15	音 エイ 訓 かげ	彡 さんづくり	影響《えいきょう》・投影《とうえい》 人影《ひとかげ》
	鋭	15	音 エイ 訓 するど(い)	金 かねへん	鋭利《えいり》・鋭角《えいかく》 精鋭《せいえい》・鋭《するど》い
	越	12	音 エツ 訓 こ(す) こ(える)	走 そうにょう	優越《ゆうえつ》・越境《えっきょう》 越冬《えっとう》・越《こ》す
	援	12	音 エン	扌 てへん	応援《おうえん》・援護《えんご》 支援《しえん》・援軍《えんぐん》
	煙	13	音 エン 訓 けむ(る) けむり けむ(い)	火 ひへん	煙害《えんがい》・煙突《えんとつ》 煙《けむ》い・土煙《つちけむり》
	鉛	13	音 エン 訓 なまり	金 かねへん	鉛直《えんちょく》・鉛筆《えんぴつ》 鉛《なまり》・鉛色《なまりいろ》
	縁	15	音 エン 訓 ふち	糸 いとへん	縁《えん》の下《した》・縁日《えんにち》 縁《ふち》・縁取《ふちど》り
オ	汚	6	音 オ 訓 けが(す)(高) けが(れる)(高) けが(らわしい)(高) よご(す) よご(れる) きたな(い)	氵 さんずい	汚職《おしょく》・汚点《おてん》 汚濁《おだく》・汚水《おすい》 汚名《おめい》 汚《よご》す・汚《きたな》い
	押	8	音 オウ(高) 訓 お(す) お(さえる)	扌 てへん	判《はん》を押《お》す 首《くび》を押《お》さえる
	奥	12	音 オウ(高) 訓 おく	大 だい	奥《おく》・奥歯《おくば》 山奥《やまおく》・奥底《おくそこ》
	憶	16	音 オク	忄 りっしんべん	追憶《ついおく》・記憶《きおく》 憶測《おくそく》
カ	菓	11	音 カ	艹 くさかんむり	製菓《せいか》・菓子《かし》 和菓子《わがし》
	暇	13	音 カ 訓 ひま	日 ひへん	休暇《きゅうか》・余暇《よか》 寸暇《すんか》・暇《ひま》
	箇	14	音 カ	⺮ たけかんむり	箇所《かしょ》 箇条書《かじょうが》き
	雅	13	音 ガ	隹 ふるとり	優雅《ゆうが》・風雅《ふうが》 雅楽《ががく》・雅趣《がしゅ》

すぐにチェック!!
練習問題 1

読み

次の——線の**漢字の読み**を**ひらがな**で記せ。

目標時間15分

月　日　／29

解答 → 別冊 P.4

1 二人は静かに**握手**を交わした。

2 危険物を**扱**う仕事に就く。

3 **依然**として断水が続いている。

4 雪道で**威力**を発揮する車種を選ぶ。

5 性能試験で不正**行為**が行われた。

6 物理学の分野で**偉大**な業績を残す。

7 夫婦間で意見の**相違**がある。

8 トップの成績を**維持**する。

9 **緯度**が高い地域は夜も明るい。

10 お年玉用に**壱万円**の新札を用意する。

11 **里芋**のにっころがしをつくる。

12 **日陰**に入って暑さをしのぐ。

13 王子が身分を**隠**して街を歩く。

14 作者の理想が主人公に**投影**される。

15 **鋭意**努力いたします。

16 三月には新居に引っ**越**しをする。

17 子供のチャレンジを**応援**する。

18 **煙**突《とつ》の中のすすをそうじする。

19 重たい**鉛色**の空が広がる。

20 **縁起**のよい日に式を挙げる。

21 お気に入りの服を**汚**してしまった。

22 傷口を手で**押**さえる。

23 **奥歯**に物がはさまったような言い方。

24 **憶測**だけで話してはいけない。

25 実家は**製菓**業を営んでいる。

26 休日に**暇**を持て余してしまう。

27 まちがった**箇所**を復習する。

28 **優雅**なドレスに身を包む。

29 お弁当に**握**り飯を包んでくれた。

すぐにチェック!!
練習問題 ❷

書き取り

次の——線の**カタカナ**を**漢字**に直せ。

目標時間15分

月 日 /29

解答 → 別冊 P.4

1 年をとって**アクリョク**が低下する。
2 取り**アツカ**い説明書を読む。
3 人に**イゾン**せずに生きる。
4 文学界で**ケンイ**ある賞を受賞した。
5 世界的な**イギョウ**を成しとげた。
6 マナー**イハン**を注意される。
7 明治**イシン**について学ぶ。
8 事件の**ケイイ**を説明する。
9 ほくほくとした焼き**イモ**を食べる。
10 兄はいつも**インキ**な顔をしている。
11 **インキョ**してのんびり暮らしたい。
12 おばに亡き母の**オモカゲ**を重ねる。
13 少数**セイエイ**のチームをつくる。

14 日本で**エットウ**する鳥を調査する。
15 地域産業の発展を**シエン**する。
16 強風で校庭に**スナケムリ**がまう。
17 器用にナイフで**エンピツ**をけずる。
18 **フチ**なしの眼鏡をかける。
19 下水処理場で**オスイ**を処理する。
20 リモコンのスイッチを**オ**す。
21 思い出を心の**オクソコ**にしまう。
22 人の**キオク**に残る仕事をしたい。
23 **ワガシ**職人になるのが夢だ。
24 有給**キュウカ**をとって旅行に行く。
25 授業の要点を**カジョウ**書きにする。
26 神社で**ガガク**の演奏をきく。
27 **エラ**い人はいばらないものだ。
28 人生の大きなかべを乗り**コ**える。
29 長旅の**ヨゴ**れを落とす。

すぐにチェック!!
練習問題③

同音・同訓異字

次の──線のカタカナにあてはまる漢字をそれぞれの**ア～オ**から**一つ**選び、**記号**を記せ。

目標時間 5 分

月　日　／9

解答→別冊 P.4

1 仕事の**イ**頼《らい》を受ける。

2 男は**イ**勢よく立ち上がった。

3 くわしい経**イ**はわからない。

（**ア** 違　**イ** 維　**ウ** 緯　**エ** 依　**オ** 威）

4 親から住宅資金の**エン**助を受ける。

5 健康のために禁**エン**する。

6 **エン**日は多くの屋台でにぎわった。

（**ア** 縁　**イ** 延　**ウ** 援　**エ** 鉛　**オ** 煙）

7 **カ**子皿にクッキーやタルトを盛る。

8 寸**カ**を惜《お》しんで勉強する。

9 生徒たちが一**カ**所に集まる。

（**ア** 菓　**イ** 暇　**ウ** 箇　**エ** 課　**オ** 過）

すぐにチェック!!
練習問題④

部首

次の漢字の**部首**を**ア～エ**から**一つ**選び、**記号に○**をせよ。

目標時間 6 分

月　日　／12

解答→別冊 P.4

	漢字	ア	イ	ウ	エ
1	威	女	戈	厂	丶
2	為	勹	丶	灬	ノ
3	壱	士	匕	十	冖
4	芋	亅	艹	干	十
5	影	日	口	彡	亠
6	越	走	土	丶	戈
7	煙	覀	土	火	罒
8	奥	冂	大	十	米
9	憶	立	日	心	忄
10	暇	又	二	丨	日
11	箇	⺮	十	口	囗
12	雅	隹	牙	亅	ノ

4級配当漢字表 2

カ

漢字	画数	音	訓	部首	用例
介	4	カイ		人 ひとやね	紹介《しょうかい》・介護《かいご》 介抱《かいほう》・介入《かいにゅう》
戒	7	カイ	いまし(める)	戈 ほこづくり ほこがまえ	戒律《かいりつ》・警戒《けいかい》 親《おや》の戒《いまし》め
皆	9	カイ	みな	白 しろ	皆無《かいむ》・皆勤《かいきん》 皆様《みなさま》
壊	16	カイ	こわ(す) こわ(れる)	土 つちへん	破壊《はかい》・倒壊《とうかい》 全壊《ぜんかい》・壊《こわ》す
較	13	カク		車 くるまへん	較差《かくさ》 比較《ひかく》
獲	16	カク	え(る)	犭 けものへん	獲得《かくとく》・漁獲《ぎょかく》 捕獲《ほかく》・獲物《えもの》
刈	4		か(る)	刂 りっとう	稲《いね》を刈《か》る 丸刈《まるが》り
甘	5	カン	あま(い) あま(える) あま(やかす)	甘 かん あまい	甘受《かんじゅ》・甘言《かんげん》 甘《あま》んじる
汗	6	カン	あせ	氵 さんずい	汗顔《かんがん》・発汗《はっかん》 汗水《あせみず》・寝汗《ねあせ》
乾	11	カン	かわ(く) かわ(かす)	乙 おつ	乾杯《かんぱい》・乾物《かんぶつ》 乾《かわ》く・乾《かわ》かす
勧	13	カン	すす(める)	力 ちから	勧告《かんこく》 入会《にゅうかい》を勧《すす》める
歓	15	カン		欠 あくび かける	歓待《かんたい》・歓談《かんだん》 歓迎《かんげい》・歓呼《かんこ》
監	15	カン		皿 さら	監視《かんし》・監禁《かんきん》 監修《かんしゅう》
環	17	カン		王 おうへん たまへん	環境《かんきょう》・一環《いっかん》 環状《かんじょう》
鑑	23	カン	かんが(みる)(高)	金 かねへん	鑑定《かんてい》 印鑑《いんかん》
含	7	ガン	ふく(む) ふく(める)	口 くち	含有《がんゆう》・含蓄《がんちく》 含《ふく》む・含《ふく》める

キ

漢字	画数	音	訓	部首	用例
奇	8	キ		大 だい	奇異《きい》・奇妙《きみょう》 好奇心《こうきしん》・奇襲《きしゅう》
祈	8	キ	いの(る)	礻 しめすへん	祈願《きがん》・祈念《きねん》 神《かみ》に祈《いの》る
鬼	10	キ	おに	鬼 おに	鬼門《きもん》・鬼才《きさい》 赤鬼《あかおに》・青鬼《あおおに》
幾	12	キ	いく	幺 よう いとがしら	幾何学《きかがく》 幾多《いくた》・幾日《いくにち》
輝	15	キ	かがや(く)	車 くるま	光輝《こうき》 目《め》が輝《かがや》く
儀	15	ギ		亻 にんべん	威儀《いぎ》・行儀《ぎょうぎ》 流儀《りゅうぎ》・儀式《ぎしき》
戯	15	ギ	たわむ(れる)(高)	戈 ほこづくり ほこがまえ	戯曲《ぎきょく》・児戯《じぎ》 遊戯《ゆうぎ》
詰	13	キツ(高)	つ(める) つ(まる) つ(む)	言 ごんべん	大詰《おおづ》め 詰《つ》める
却	7	キャク		卩 わりふ ふしづくり	却下《きゃっか》・退却《たいきゃく》 売却《ばいきゃく》・冷却《れいきゃく》
脚	11	キャク キャ(高)	あし	月 にくづき	脚色《きゃくしょく》・失脚《しっきゃく》 脚本《きゃくほん》・健脚《けんきゃく》
及	3	キュウ	およ(ぶ) およ(び) およ(ぼす)	又 また	追及《ついきゅう》・普及《ふきゅう》 波及《はきゅう》・及《およ》ぶ
丘	5	キュウ	おか	一 いち	砂丘《さきゅう》 丘《おか》の上《うえ》
朽	6	キュウ	く(ちる)	木 きへん	不朽《ふきゅう》・老朽《ろうきゅう》 朽《く》ちる

すぐにチェック!!
練習問題 1

読み

次の——線の**漢字の読み**を**ひらがな**で記せ。

目標時間15分

月 日

29

解答→別冊 P.5

1 他国の政治に介入する。

2 空港では厳戒態勢が敷《し》かれた。

3 演説を聞く人は皆無だった。

4 戦争はすべてを破壊した。

5 二つの商品を比較する。

6 有望な若手選手を獲得する。

7 小学生のころは丸刈りにしていた。

8 果物が熟して甘くなる。

9 温かい飲み物で発汗をうながす。

10 乾電池は分別してゴミに出す。

11 お客様に冷たいお茶を勧める。

12 子供たちが公園で歓声をあげる。

13 国語辞典の監修をお願いする。

14 教育の一環として美化運動を行う。

15 休日に美術館で名画を鑑賞する。

16 一食分の塩分含有量を調べる。

17 その男の話は奇異に感じられた。

18 合格祈願をかねて初もうでに行く。

19 兄が加われば鬼に金棒だ。

20 大学で幾何学を学んでいる。

21 朝日を浴びて川の水面が輝く。

22 誕生日に地球儀をもらった。

23 児戯に等しい文章だ。

24 厳しい質問をされ答えに詰まる。

25 私の意見はあっさりと却下された。

26 机の脚がぐらぐらしている。

27 なんとか及第点をもらった。

28 ラクダに乗って砂丘を観光する。

29 色あせることのない不朽の名作だ。

すぐにチェック!! 練習問題 ②

書き取り

次の——線の**カタカナ**を**漢字**に直せ。

目標時間**15**分

月 日

29

解答→別冊 P.5

1 両国の**チュウカイ**役を買って出る。

2 野生生物は**ケイカイ**心が強い。

3 ご来場の**ミナサマ**へお知らせ致《いた》します。

4 土砂くずれで自宅が**ゼンカイ**した。

5 ライオンが**エモノ**を追う。

6 庭の雑草を**カ**り取る。

7 小説の**カンビ**な世界に浸《ひた》る。

8 **アセミズ**たらして働き賃金を得る。

9 **カンブツ**屋でスルメを買う。

10 辞職**カンコク**決議案を可決する。

11 旧友を手料理で**カンタイ**する。

12 入り口に**カンシ**カメラを設置する。

13 **カンキョウ**問題に興味をもつ。

14 熱心に動物**ズカン**をながめる。

15 私を**フク**めて三名が学生だ。

16 割り切れない整数を**キスウ**という。

17 入院した母の回復を**イノ**る。

18 文系の私にとって数学は**キモン**だ。

19 **イクタ**の困難を乗りこえてきた。

20 **コウキ**ある伝統を重んじる。

21 茶道を通して**ギョウギ**作法を学ぶ。

22 **ユウギ**室で絵本の朗読会を行う。

23 調味料の**ツ**め合わせを贈《おく》る。

24 借りた本を**ヘンキャク**する。

25 毎日歩いて**キャクリョク**をきたえる。

26 力の**オヨ**ぶ限り協力する。

27 小高い**オカ**の上から景色を見る。

28 古い家が**ク**ちて倒《たお》れる。

29 雨でぬれたくつを**カワ**かす。

すぐにチェック!!
練習問題 ❸

同音・同訓異字

次の——線のカタカナにあてはまる漢字をそれぞれの**ア～オ**から**一つ**選び、**記号**を記せ。

目標時間 **5** 分

月 日 /9

解答 → 別冊 P.5

1 医師の紹《しょう》**カイ**で病院を移る。

2 自**カイ**の念を込《こ》めて忠告する。

3 小学校を六年間**カイ**勤した。

（ア 介　イ 解　ウ 皆　エ 快　オ 戒）

4 **カン**言に乗せられて痛い目にあう。

5 観衆から**カン**喜の声があがった。

6 古い絵画を**カン**定してもらう。

（ア 甘　イ 鑑　ウ 環　エ 監　オ 歓）

7 結納《ゆいのう》の**ギ**式をとり行う。

8 シェイクスピアの**ギ**曲を読む。

9 **ギ**問があればすぐに調べる。

（ア 疑　イ 義　ウ 儀　エ 技　オ 戯）

すぐにチェック!!
練習問題 ❹

部首

次の漢字の**部首**を**ア～エ**から**一つ**選び、**記号に○**をせよ。

目標時間 **6** 分

月 日 /12

解答 → 別冊 P.5

	漢字	ア	イ	ウ	エ
1	戒	弋	戈	ノ	廾
2	獲	隹	艹	犭	又
3	勧	力	ノ	二	隹
4	歓	隹	人	欠	ノ
5	監	臣	皿	匚	二
6	環	罒	⺩	口	一
7	含	人	口	𠆢	一
8	奇	亅	大	一	口
9	鬼	厶	儿	鬼	田
10	幾	戈	人	弋	幺
11	戯	虍	丶	ノ	戈
12	却	卩	丨	厶	土

4級配当漢字表 3

見出し	漢字	画数	音	訓	部首	用例
キ	巨	5	キョ		工 たくみ え	巨大《きょだい》・巨木《きょぼく》 巨額《きょがく》・巨漢《きょかん》
	拠	8	キョ コ		扌 てへん	準拠《じゅんきょ》・占拠《せんきょ》 拠点《きょてん》・根拠《こんきょ》
	距	12	キョ		𧾷 あしへん	距離《きょり》
	御	12	ギョ ゴ	おん	彳 ぎょうにんべん	制御《せいぎょ》・防御《ぼうぎょ》 御殿《ごてん》・御中《おんちゅう》
	凶	4	キョウ		凵 うけばこ	凶《きょう》・凶作《きょうさく》 凶器《きょうき》・凶悪《きょうあく》
	叫	6	キョウ	さけ(ぶ)	口 くちへん	絶叫《ぜっきょう》 無実《むじつ》を叫《さけ》ぶ
	狂	7	キョウ	くる(う) くる(おしい)	犭 けものへん	狂気《きょうき》・熱狂《ねっきょう》 気《き》が狂《くる》う
	況	8	キョウ		氵 さんずい	盛況《せいきょう》・実況《じっきょう》 近況《きんきょう》・不況《ふきょう》
	狭	9	キョウ㊜	せま(い) せば(める) せば(まる)	犭 けものへん	心《こころ》が狭《せま》い 道《みち》が狭《せば》まる
	恐	10	キョウ	おそ(れる) おそ(ろしい)	心 こころ	恐怖《きょうふ》・恐縮《きょうしゅく》 恐《おそ》れる
	響	20	キョウ	ひび(く)	音 おと	反響《はんきょう》・音響《おんきょう》 影響《えいきょう》・響《ひび》く
	驚	22	キョウ	おどろ(く) おどろ(かす)	馬 うま	驚異《きょうい》・驚嘆《きょうたん》 人《ひと》を驚《おどろ》かす
	仰	6	ギョウ コウ	あお(ぐ) おお(せ)㊜	亻 にんべん	仰天《ぎょうてん》・信仰《しんこう》 天《てん》を仰《あお》ぐ
ク	駆	14	ク	か(ける) か(る)	馬 うまへん	駆使《くし》・駆動《くどう》 駆《か》ける
	屈	8	クツ		尸 かばね しかばね	屈指《くっし》・屈折《くっせつ》 理屈《りくつ》・退屈《たいくつ》
	掘	11	クツ	ほ(る)	扌 てへん	発掘《はっくつ》・採掘《さいくつ》 穴《あな》を掘《ほ》る
	繰	19		く(る)	糸 いとへん	糸《いと》を繰《く》る 繰《く》り上《あ》げ
ケ	恵	10	ケイ エ	めぐ(む)	心 こころ	恩恵《おんけい》・知恵《ちえ》 恵《めぐ》みの雨《あめ》
	傾	13	ケイ	かたむ(く) かたむ(ける)	亻 にんべん	傾斜《けいしゃ》・傾向《けいこう》 傾《かたむ》く
	継	13	ケイ	つ(ぐ)	糸 いとへん	中継《ちゅうけい》・継続《けいぞく》 継承《けいしょう》・継《つ》ぐ
	迎	7	ゲイ	むか(える)	⻌ しんにょう しんにゅう	送迎《そうげい》・迎合《げいごう》 迎《むか》える
	撃	15	ゲキ	う(つ)	手 て	襲撃《しゅうげき》・一撃《いちげき》 撃退《げきたい》・撃《う》つ
	肩	8	ケン㊜	かた	肉 にく	肩車《かたぐるま》 肩幅《かたはば》
	兼	10	ケン	か(ねる)	八 はち	兼任《けんにん》・兼用《けんよう》 兼《か》ねる
	剣	10	ケン	つるぎ	刂 りっとう	剣豪《けんごう》・真剣《しんけん》 剣道《けんどう》・剣《つるぎ》
	軒	10	ケン	のき	車 くるまへん	軒灯《けんとう》・数軒《すうけん》 軒先《のきさき》・軒下《のきした》

すぐにチェック!!
練習問題 ①

読み

次の――線の**漢字の読み**を**ひらがな**で記せ。

目標時間**15**分

月　日
29

解答 → 別冊 P.6

1 **巨大**な悪の組織に立ち向かう。

2 **根拠**のないうわさ話ばかりする。

3 会社あての荷物に「**御中**」と書く。

4 トラが**凶暴**性をあらわした。

5 おそろしい映画を見て**絶叫**する。

6 生活が乱れて体内時計が**狂**う。

7 現在の**状況**が飲み込《こ》めない。

8 **狭**い山道をゆっくりのぼる。

9 失敗を**恐**れては何もできない。

10 その小説は大きな**反響**を呼んだ。

11 ドアの閉まる大きな音に**驚**いた。

12 その人は**信仰**心の厚い人物だ。

13 近代医学の**先駆**者について調べる。

14 世界**屈指**の名門大学を卒業する。

15 新しい才能を**発掘**する。

16 ふとページを**繰**る手を止める。

17 自然の**恩恵**に浴して生きる。

18 頭を**傾**けて相手の顔をのぞきこむ。

19 前任者の仕事を引き**継**ぐ。

20 権力者に**迎合**する。

21 敵の大群を**撃退**する。

22 父の**肩車**でパレードを見る。

23 リハビリを**兼**ねて運動を始める。

24 発表会で『**剣**の舞《まい》』を演奏した。

25 八百屋は**数軒**先にあります。

26 友人は**巨額**の借金を負った。

27 祭典は**盛況**のうちに終わった。

28 **一撃**で相手を倒《たお》した。

29 **御飯**に納豆をのせて食べる。

すぐにチェック!!
練習問題 ❷

書き取り

次の――線の**カタカナ**を**漢字**に直せ。

1 ゾウが**キョタイ**をゆらして歩く。

2 犯人は現場に**ショウコ**を残した。

3 通勤**キョ**離《り》の近い会社に就職した。

4 感情を**セイギョ**できなかった。

5 **キョウアク**な事件が後を絶たない。

6 迷子の子供が泣き**サケ**んでいる。

7 野球の**ネッキョウ**的なファンだ。

8 友人に**キンキョウ**を知らせる。

9 文書の行間を少しずつ**セバ**める。

10 迷惑《わく》をかけてしまい**キョウシュク**する。

11 美しい言葉が心に**ヒビ**く。

12 **キョウイ**的な身体能力を見せる。

13 敗戦に思わず天を**アオ**いだ。

目標時間15分

月 日 /29

解答→別冊 P.6

14 語学力を**クシ**して海外と取引する。

15 **タイクツ**な話が続いている。

16 犬が庭で穴を**ホ**っている。

17 その候補者は**ク**り上げ当選となった。

18 **チエ**を持ち寄って議論する。

19 人口が減少する**ケイコウ**にある。

20 **ケイゾク**は力なり。

21 旅館の**ソウゲイ**バスに乗る。

22 敵の軍勢を迎え**ウ**つ。

23 メジャーで**カタ**幅《はば》を測る。

24 実家は**ケンギョウ**農家だ。

25 **ケンドウ**部の部長を務める。

26 **ノキサキ**にスズメがとまっている。

27 販売の**キョテン**を地方へ移す。

28 敵の**ボウギョ**の甘いところを打つ。

29 **リクツ**どおりには物事が運ばない。

すぐにチェック!!
練習問題③

同音・同訓異字

次の――線のカタカナにあてはまる漢字をそれぞれのア〜オから一つ選び、記号を記せ。

目標時間 5 分

月　日　/9

解答→別冊 P.6

1 **キョ**額の研究開発費が必要だ。

2 駅前が放置自転車に占《せん》**キョ**される。

3 目的地までの**キョ**離《り》を測る。

（ア 距　イ 居　ウ 巨　エ 拠　オ 去）

4 犯人の残した**キョウ**器が見つかる。

5 プロ野球の実**キョウ**中継を楽しむ。

6 この劇場は音**キョウ**がすばらしい。

（ア 驚　イ 況　ウ 叫　エ 響　オ 凶）

7 一**ケン**家に住んでいる。

8 **ケン**豪《ごう》として有名な人だ。

9 自転車を兄と**ケン**用する。

（ア 兼　イ 健　ウ 権　エ 軒　オ 剣）

すぐにチェック!!
練習問題④

部　首

次の漢字の部首をア〜エから一つ選び、記号に○をせよ。

目標時間 6 分

月　日　/12

解答→別冊 P.6

	漢字	ア	イ	ウ	エ
1	巨	口	一	匚	工
2	御	卩	止	丨	彳
3	凶	十	丿	凵	丨
4	響	幺	阝	日	音
5	驚	馬	艹	攵	勹
6	屈	丿	山	丨	尸
7	傾	亻	八	頁	匕
8	撃	殳	車	手	几
9	肩	戸	月	肉	尸
10	剣	刂	人	口	𠆢
11	奥	八	大	十	米
12	影	日	口	彡	小

4級配当漢字表 4

見出し	画数	漢字	音	訓	部首	部首名	用例
ケ	12	圏	ケン		口	くにがまえ	圏内《けんない》・圏外《けんがい》 大気圏《たいきけん》
	12	堅	ケン	かた(い)	土	つち	堅持《けんじ》・堅実《けんじつ》 中堅《ちゅうけん》・堅《かた》い
	13	遣	ケン	つか(う) つか(わす)	⻌	しんにょう しんにゅう	派遣《はけん》・気遣《きづか》い 遣《つか》わす
	5	玄	ゲン		玄	げん	玄関《げんかん》・玄米《げんまい》 玄武岩《げんぶがん》
コ	9	枯	コ	か(れる) か(らす)	木	きへん	枯死《こし》・枯《か》れる 木枯《こが》らし
	13	誇	コ	ほこ(る)	言	ごんべん	誇示《こじ》・誇大《こだい》 誇張《こちょう》・誇《ほこ》る
	13	鼓	コ	つづみ(高)	鼓	つづみ	鼓舞《こぶ》・鼓動《こどう》 鼓笛隊《こてきたい》
	4	互	ゴ	たが(い)	二	に	交互《こうご》・相互《そうご》 互角《ごかく》・互《たが》い
	7	抗	コウ		扌	てへん	抵抗《ていこう》・対抗《たいこう》 抗体《こうたい》・抗争《こうそう》
	7	攻	コウ	せ(める)	攵	のぶん ぼくづくり	攻略《こうりゃく》・専攻《せんこう》 攻《せ》め・攻《せ》める
	7	更	コウ	さら ふ(ける)(高) ふ(かす)(高)	曰	ひらび いわく	更新《こうしん》・更衣室《こういしつ》 更《さら》に
	9	恒	コウ		忄	りっしんべん	恒久《こうきゅう》・恒常《こうじょう》 恒例《こうれい》・恒星《こうせい》
	9	荒	コウ	あら(い) あ(れる) あ(らす)	艹	くさかんむり	荒野《こうや》・荒天《こうてん》 荒《あら》い・荒波《あらなみ》
	12	項	コウ		頁	おおがい	項目《こうもく》・事項《じこう》 条項《じょうこう》・要項《ようこう》
	15	稿	コウ		禾	のぎへん	寄稿《きこう》・原稿《げんこう》 草稿《そうこう》・投稿《とうこう》
	14	豪	ゴウ		豕	ぶた いのこ	豪快《ごうかい》・豪雨《ごうう》 強豪《きょうごう》・文豪《ぶんごう》
	5	込		こ(む) こ(める)	⻌	しんにょう しんにゅう	見込《みこ》み 込《こ》む・込《こ》める
	11	婚	コン		女	おんなへん	婚礼《こんれい》・婚約《こんやく》 結婚《けっこん》・求婚《きゅうこん》
サ	18	鎖	サ	くさり	金	かねへん	閉鎖《へいさ》・連鎖《れんさ》 鎖骨《さこつ》・鎖《くさり》
	11	彩	サイ	いろど(る)(高)	彡	さんづくり	彩光《さいこう》・彩色《さいしょく》 色彩《しきさい》・水彩《すいさい》
	13	歳	サイ セイ		止	とめる	歳月《さいげつ》・歳入《さいにゅう》 歳末《さいまつ》・歳暮《せいぼ》
	13	載	サイ	の(せる) の(る)	車	くるま	記載《きさい》・連載《れんさい》 積載《せきさい》・載《の》る
	10	剤	ザイ		刂	りっとう	薬剤《やくざい》・洗剤《せんざい》 下剤《げざい》・調剤《ちょうざい》
	9	咲		さ(く)	口	くちへん	早咲《はやざ》き 桜《さくら》が咲《さ》く
	11	惨	サン ザン(高)	みじ(め)(高)	忄	りっしんべん	悲惨《ひさん》・惨状《さんじょう》 惨事《さんじ》・惨劇《さんげき》
シ	6	旨	シ	むね(高)	日	ひ	主旨《しゅし》・要旨《ようし》 趣旨《しゅし》・論旨《ろんし》

すぐにチェック!!
練習問題①

読み

次の――線の**漢字の読み**を**ひらがな**で記せ。

目標時間15分

月　日　/29

解答→別冊 P.7

1 ようやく合格**圏内**の成績になった。

2 **手堅**い守備で一勝をもぎ取った。

3 毎月**小遣**いをもらっている。

4 **玄関**に季節の花をかざる。

5 松くい虫により海辺の松が**枯死**した。

6 自分の力を周囲に**誇示**する。

7 おどろいて心臓の**鼓動**が速まる。

8 両者の戦力はほぼ**互角**だ。

9 食料品の値上げに**抗議**する。

10 チャンスで一気に**攻勢**に出る。

11 マラソンの日本記録を**更新**した。

12 毎月**恒例**の食事会を行う。

13 冬の**荒天**時にはバスが運休する。

14 大学の入学試験**要項**を取り寄せる。

15 著者から**原稿**を受け取る。

16 各地で記録的な**豪雨**となった。

17 心を**込**めて歌を歌う。

18 **婚約**者に指輪をおくる。

19 日本は長い間**鎖国**をしていた。

20 **水彩**絵の具で風景画を描《えが》く。

21 恩師にお**歳暮**の品をおくる。

22 トラックに荷物を**積載**する。

23 薬局で食器用**洗剤**を買う。

24 **早咲**きの桜が開花した。

25 事故の**惨状**を目《ま》の当たりにした。

26 ご質問の**主旨**がわかりません。

27 対戦相手の弱点を**攻**める。

28 あのサル山のボスは気が**荒**い。

29 新聞に商品の広告を**載**せる。

すぐにチェック!!
練習問題 ❷

書き取り

次の――線の**カタカナ**を**漢字**に直せ。

目標時間15分

月　日
/29

解答→別冊 P.7

1 首都**ケン**に住んでいる。
2 祖父は**ケンジツ**な人生を歩んだ。
3 被《ひ》災地に医師団を**ハケン**する。
4 朝食に**ゲンマイ**ご飯を食べている。
5 **エイコ**盛衰《すい》は世の習いだ。
6 **コダイ**広告を取りしまる。
7 **コテキタイ**でピアニカを担当する。
8 困ったときはお**タガ**い様だ。
9 警察内部の**コウソウ**を描《えが》いた小説。
10 その選手は**コウシュ**の要だ。
11 少年たちの**コウセイ**を手助けする。
12 太陽は**コウセイ**のひとつだ。
13 **ア**れ果てた土地を耕す。

14 **コウモク**別にデータを作成する。
15 新聞に短歌を**トウコウ**する。
16 祖父はよく**ゴウカイ**に笑った。
17 次こそ優勝すると意気**ゴ**む。
18 姉の**ケッコン**式に参列した。
19 眼鏡に金色の**クサリ**をつける。
20 海中に**シキサイ**豊かな魚が泳ぐ。
21 **サイゲツ**は人を待ってくれない。
22 巻末に協力者名を**キサイ**する。
23 **チョウザイ**薬局に勤めている。
24 川原一面に菜の花が**サ**く。
25 思いもよらぬ**サンジ**が起こった。
26 文章の**ヨウシ**をまとめる。
27 暑さで庭の花が**カ**れてしまった。
28 留学して**サラ**に勉学にはげむ。
29 やせて**サコツ**が浮《う》き出ている。

すぐにチェック!!
練習問題③

同音・同訓異字

次の――線のカタカナにあてはまる漢字をそれぞれの**ア～オ**から**一つ**選び、**記号**を記せ。

目標時間 5 分　月／日　／9

解答→別冊 P.7

1 自分のことを**コ**張して話す。
2 はっぴ姿で太**コ**をたたく。
3 出発前に乗客の点**コ**を行う。
（**ア**故　**イ**鼓　**ウ**誇　**エ**己　**オ**呼）

4 少年の**コウ**生を助ける。
5 **コウ**久的な平和を目指す。
6 書類に必要事**コウ**を記入する。
（**ア**更　**イ**攻　**ウ**荒　**エ**項　**オ**恒）

7 白い皿に美しい**サイ**色をほどこす。
8 **サイ**末になると街が活気づく。
9 新聞に小説を連**サイ**している。
（**ア**最　**イ**際　**ウ**歳　**エ**彩　**オ**載）

すぐにチェック!!
練習問題④

部首

次の漢字の**部首**を**ア～エ**から**一つ**選び、**記号に○**をせよ。

目標時間 6 分　月／日　／12

解答→別冊 P.7

		ア	イ	ウ	エ
1	玄	玄	亠	厶	幺
2	鼓	支	鼓	士	又
3	互	二	一	口	彑
4	更	ノ	田	一	曰
5	誇	大	二	言	人
6	項	頁	工	貝	目
7	豪	冖	豕	口	亠
8	彩	釆	爫	彡	木
9	歳	戈	示	止	ノ
10	載	土	丶	車	戈
11	剤	亠	文	斉	刂
12	旨	匕	し	ノ	日

すぐにチェック!! 練習問題1

漢字と送りがな

次の——線のカタカナを漢字一字と送りがな（ひらがな）に直せ。

目標時間 5分

月　日　/10

解答→別冊P.8

1 首の筋をチガエル。

2 スルドイ視線を投げかける。

3 勝つためにキタナイ手を使う。

4 不真面目な態度をイマシメル。

5 買ったばかりの時計がコワレル。

6 山中でオソロシイ目にあった。

7 野生の馬が野をカケル。

8 運動会は毎年天候にメグマレル。

9 従業員総出で客をムカエル。

10 兄の活躍《やく》がホコラシイ。

すぐにチェック!! 練習問題2

対義語・類義語

次の□のひらがなを対義語（↕）、類義語（＝）になるよう漢字を一字記せ。

目標時間 7分

月　日　/14

解答→別冊P.8

1 用心＝警□《かい》

2 対等＝□《ご》角

3 借用↕返□《きゃく》

4 本気＝真□《けん》

5 永遠＝不□《きゅう》

6 年頭↕□《さい》末

7 服従↕反□《こう》

8 合格＝□《きゅう》第

9 建設↕破□《かい》

10 長者＝富□《ごう》

11 推量＝□《おく》測

12 開放↕閉□《さ》

13 興奮＝熱□《きょう》

14 退却↕進□《げき》

すぐにチェック!!
練習問題❸

誤字訂正

次の各文にまちがって使われている**同じ読みの漢字が一字**ある。**上に誤字を、下に正しい漢字を**記せ。

目標時間 3 分

月　日　/6

解答 → 別冊 P.8

1 民間の宇宙介発事業が活発化し、一般人の宇宙旅行も身近になりつつある。 □ □

2 我が子の自立する姿に喜びだけではなく複雑な思いが胸中に捗来する。 □ □

3 受験本番で実力を発奇するためには、平常心で試験に臨むことが重要だ。 □ □

4 富士山は富士五湖など二十五の構成資産とともに世界文化偉産に登録された。 □ □

5 高校の天文部が校庭に反射望遠鏡を設置し、月食の監測会を行った。 □ □

6 有形無形の文化剤を保護・活用し、文化を後世に伝えることが市民の責務だ。 □ □

すぐにチェック!!
練習問題❹

四字熟語

次の□の**カタカナ**に従って、**漢字を一字**記せ。

目標時間 7 分

月　日　/14

解答 → 別冊 P.8

1 有□《イ》転変

2 合縁□《キ》縁

3 論□《シ》明快

4 百□《キ》夜行

5 自力□《コウ》生

6 現状□《イ》持

7 □《イ》風堂堂

8 無味□《カン》燥《そう》

9 意志□《ケン》固

10 □《キョウ》天動地

11 旧態□《イ》然

12 真□《ケン》勝負

13 才色□《ケン》備

14 不可□《コウ》力

4級配当漢字表 5

シ

漢字	画数	音	訓	部首	部首名	用例
伺	7	シ(高)	うかが(う)	亻	にんべん	進退《しんたい》を伺《うかが》う
刺	8	シ	さ(す) さ(さる)	刂	りっとう	名刺《めいし》・刺激《しげき》 風刺《ふうし》・刺《さ》す
脂	10	シ	あぶら	月	にくづき	脂肪《しぼう》・油脂《ゆし》 脂《あぶら》・脂汗《あぶらあせ》
紫	12	シ	むらさき	糸	いと	紫煙《しえん》・紫外線《しがいせん》 紫色《むらさきいろ》の着物《きもの》
雌	14	シ	め めす	隹	ふるとり	雌雄《しゆう》 雌花《めばな》・雌犬《めすいぬ》
執	11	シツ シュウ	と(る)	土	つち	執筆《しっぴつ》・執刀《しっとう》 執念《しゅうねん》・執《と》る
芝	6		しば	艹	くさかんむり	芝草《しばくさ》・芝刈《しばか》り 芝居《しばい》・芝生《しばふ》
斜	11	シャ	なな(め)	斗	とます	斜面《しゃめん》・傾斜《けいしゃ》 斜線《しゃせん》・斜《なな》め
煮	12	シャ(高)	に(る) に(える) に(やす)	灬	れんが れっか	煮物《にもの》・甘露煮《かんろに》 煮豆《にまめ》・煮《に》る
釈	11	シャク		釆	のごめへん	釈明《しゃくめい》・釈放《しゃくほう》 釈然《しゃくぜん》・解釈《かいしゃく》
寂	11	ジャク セキ(高)	さび さび(しい) さび(れる)	宀	うかんむり	静寂《せいじゃく》・寂《さび》しい 寂《さび》れる
朱	6	シュ		木	き	朱色《しゅいろ》・朱肉《しゅにく》 朱筆《しゅひつ》
狩	9	シュ	か(る) か(り)	犭	けものへん	狩猟《しゅりょう》 狩《か》り・狩《か》る
趣	15	シュ	おもむき	走	そうにょう	趣味《しゅみ》・雅趣《がしゅ》 趣意《しゅい》・趣《おもむき》
需	14	ジュ		雨	あめかんむり	需要《じゅよう》・需給《じゅきゅう》 内需《ないじゅ》・必需品《ひつじゅひん》
舟	6	シュウ	ふね ふな	舟	ふね	舟航《しゅうこう》・舟運《しゅううん》 小舟《こぶね》・舟歌《ふなうた》
秀	7	シュウ	ひい(でる)(高)	禾	のぎ	秀作《しゅうさく》・秀才《しゅうさい》 優秀《ゆうしゅう》・秀麗《しゅうれい》
襲	22	シュウ	おそ(う)	衣	ころも	襲撃《しゅうげき》・踏襲《とうしゅう》 襲名《しゅうめい》・襲《おそ》う
柔	9	ジュウ ニュウ	やわ(らか) やわ(らかい)	木	き	柔順《じゅうじゅん》・柔和《にゅうわ》 柔《やわ》らかい感触《かんしょく》
獣	16	ジュウ	けもの	犬	いぬ	獣医《じゅうい》・珍獣《ちんじゅう》 猛獣《もうじゅう》・獣道《けものみち》
瞬	18	シュン	またた(く)(高)	目	めへん	瞬間《しゅんかん》・瞬時《しゅんじ》 一瞬《いっしゅん》
旬	6	ジュン シュン		日	ひ	旬《しゅん》の野菜《やさい》 上旬《じょうじゅん》・初旬《しょじゅん》
巡	6	ジュン	めぐ(る)	巛	かわ	巡回《じゅんかい》・巡業《じゅんぎょう》 島《しま》を巡《めぐ》る
盾	9	ジュン	たて	目	め	矛盾《むじゅん》 後《うし》ろ盾《だて》
召	5	ショウ	め(す)	口	くち	召集《しょうしゅう》・召致《しょうち》 お気《き》に召《め》す

すぐにチェック!!
練習問題❶

読み

次の――線の**漢字の読み**を**ひらがな**で記せ。

目標時間15分

月　日

29

解答→別冊 P.9

1 前からうわさを**伺**っている。

2 敵の城に**刺客**を差し向ける。

3 内臓**脂**肪《ぼう》型肥満には注意が必要だ。

4 日がさをさして**紫外線**をさける。

5 **雌**の子犬をもらった。

6 五輪出場に**執念**を燃やす。

7 天然**芝**のコートで試合を行う。

8 ボールが**斜面**を転がる。

9 相手の態度に業《ごう》を**煮**やす。

10 大臣が発言について**釈明**する。

11 愛犬をなくして**寂**しい毎日だ。

12 **朱肉**で赤ちゃんの手形を取る。

13 家族で**潮干狩**りへ行く。

14 **趣**のある古民家に住む。

15 雨具は登山の**必需**品だ。

16 『ホフマンの**舟歌**』を歌う。

17 **優秀**な学生を採用したい。

18 敵機が大挙して**襲来**する。

19 妹は優しく**柔順**な女の子だ。

20 **獣道**のような細い山道を歩く。

21 不測の事態にも**瞬時**に対応する。

22 今月の**下旬**には仕事が片付く。

23 警備員が建物内を**巡回**する。

24 その話は矛《む》**盾**だらけだ。

25 年に一回通常国会が**召集**される。

26 山道でアブに**刺**される。

27 その作家は五年ぶりに筆を**執**った。

28 **小舟**が波間にただよっている。

29 ストレッチで体を**柔**らかくする。

すぐにチェック!!
練習問題 ❷

書き取り

次の——線の**カタカナ**を**漢字**に直せ。

目標時間15分

月 日 /29

解答→別冊 P.9

1 会社に進退**ウカガ**いを提出する。

2 **シゲキ**の強い食べ物は苦手だ。

3 料理には植物性**ユシ**を使っている。

4 シャツを**ムラサキイロ**に染める。

5 ついに両者が**シ**雄《ゆう》を決する。

6 公務員が職務を**シッコウ**する。

7 母といっしょに**シバイ**を見にいく。

8 図形の中に**シャセン**を入れる。

9 小豆を**ニ**てあんこをつくる。

10 文書に**チュウシャク**を加える。

11 観光客が去り**セイジャク**が訪れた。

12 境内に**シュイロ**のほおずきが並ぶ。

13 山に入ってシカを**カ**る。

14 **シュミ**で始めた絵が本職になる。

15 保育士の**ジュヨウ**が高まっている。

16 川を利用した**シュウウン**が発達した。

17 幼少から**シュウサイ**だと評判だ。

18 寒波が日本列島を**オソ**う。

19 **ニュウワ**な笑顔をうかべる。

20 **ジュウイ**を目指して勉強する。

21 それは**イッシュン**の出来事だった。

22 **シュン**の食べ物はおいしい。

23 旅先で人気の観光地を**メグ**る。

24 強力な後ろ**ダテ**を失った。

25 美しい着物をお**メ**しになる。

26 激しい腹痛で**アブラアセ**を流す。

27 松には**メバナ**と雄《お》花がある。

28 道路の**ナナ**め横断は危険だ。

29 人気がなくて**サビ**しい商店街だ。

すぐにチェック!!
練習問題③

同音・同訓異字

次の――線の**カタカナ**にあてはまる漢字をそれぞれの**ア～オ**から**一つ**選び、**記号**を記せ。

目標時間 5 分

月　日　/9

解答 → 別冊 P.9

1 山に入ってカりをする。

2 はなやかな南国の鳥をカう。

3 カした本を返してください。

（ア 借　イ 飼　ウ 貸　エ 勝　オ 狩）

4 生きることにシュウ着する。

5 優シュウな技術者の流出を防ぐ。

6 反対派が一気に逆シュウに転じる。

（ア 執　イ 秀　ウ 襲　エ 修　オ 収）

7 三月の初ジュンに合否が決まる。

8 聖地ジュン礼の旅に出る。

9 保育園の入園ジュン備をする。

（ア 準　イ 順　ウ 旬　エ 巡　オ 純）

すぐにチェック!!
練習問題④

部　首

次の漢字の**部首**を**ア～エ**から**一つ**選び、**記号に○**をせよ。

目標時間 6 分

月　日　/12

解答 → 別冊 P.9

1 紫（ア 止　イ 糸　ウ 小　エ 匕）

2 雌（ア 匕　イ 止　ウ ノ　エ 隹）

3 斜（ア 十　イ 斗　ウ 示　エ 人）

4 煮（ア 土　イ 日　ウ 灬　エ ノ）

5 釈（ア 釆　イ 爫　ウ 口　エ 木）

6 朱（ア 木　イ 二　ウ 十　エ ノ）

7 趣（ア 走　イ 又　ウ 土　エ 耳）

8 秀（ア ノ　イ 木　ウ 禾　エ 十）

9 襲（ア 月　イ 衣　ウ 立　エ 亠）

10 柔（ア 木　イ ノ　ウ 十　エ 矛）

11 盾（ア 目　イ 厂　ウ ノ　エ 十）

12 瞬（ア 目　イ 爫　ウ ノ　エ 夕）

4級配当漢字表 6

画数	7 シ	8	10	11	13	3	12	12
漢字	床	沼	称	紹	詳	丈	畳	殖
音	ショウ	ショウ(高)	ショウ	ショウ	ショウ	ジョウ	ジョウ	ショク
訓	とこ ゆか	ぬま			くわ(しい)	たけ	たた(む) たたみ	ふ(える) ふ(やす)
部首	广 まだれ	氵 さんずい	禾 のぎへん	糸 いとへん	言 ごんべん	一 いち	田 た	歹 かばねへん いちたへん がつへん
用例	病床《びょうしょう》・起床《きしょう》 寝床《ねどこ》・床下《ゆかした》	沼地《ぬまち》	通称《つうしょう》・敬称《けいしょう》 称《しょう》される	紹介《しょうかい》	詳細《しょうさい》・不詳《ふしょう》 詳報《しょうほう》・詳《くわ》しい	気丈《きじょう》・丈夫《じょうぶ》 丈《たけ》・背丈《せたけ》	半畳《はんじょう》・重畳《ちょうじょう》 畳《たたみ》	増殖《ぞうしょく》・殖産《しょくさん》 繁殖《はんしょく》・殖《ふ》える

画数	13	13	9	10	10	13	13	15	16
漢字	飾	触	侵	振	浸	寝	慎	震	薪
音	ショク	ショク	シン	シン	シン	シン	シン	シン	シン
訓	かざ(る)	ふ(れる) さわ(る)	おか(す)	ふ(る) ふ(るう) ふ(れる)	ひた(す) ひた(る)	ね(る) ね(かす)	つつし(む)	ふる(う) ふる(える)	たきぎ
部首	飠 しょくへん	角 つのへん	亻 にんべん	扌 てへん	氵 さんずい	宀 うかんむり	忄 りっしんべん	雨 あめかんむり	艹 くさかんむり
用例	服飾《ふくしょく》・装飾《そうしょく》 髪飾《かみかざ》り	感触《かんしょく》・触覚《しょっかく》 抵触《ていしょく》・触《ふ》れる	侵入《しんにゅう》・侵害《しんがい》 権利《けんり》を侵《おか》す	不振《ふしん》・振幅《しんぷく》 振《ふ》る・羽振《はぶ》り	浸透《しんとう》・浸《ひた》す 浸《ひた》る・水浸《みずびた》し	就寝《しゅうしん》・寝室《しんしつ》 寝坊《ねぼう》・寝汗《ねあせ》	慎重《しんちょう》・謹慎《きんしん》 行《おこな》いを慎《つつし》む	余震《よしん》・震災《しんさい》 震《ふる》える	薪炭《しんたん》 薪能《たきぎのう》

画数	6	10	12	7 ス	9 セ	8	8	13	5
漢字	尽	陣	尋	吹	是	姓	征	跡	占
音	ジン	ジン	ジン	スイ	ゼ	セイ ショウ	セイ	セキ	セン
訓	つ(くす) つ(きる) つ(かす)		たず(ねる)	ふ(く)				あと	し(める) うらな(う)
部首	尸 かばね しかばね	阝 こざとへん	寸 すん	口 くちへん	日 ひ	女 おんなへん	彳 ぎょうにんべん	𧾷 あしへん	卜 と うらない
用例	尽力《じんりょく》・無尽《むじん》 力《ちから》が尽《つ》きる	円陣《えんじん》・陣営《じんえい》 出陣《しゅつじん》・敵陣《てきじん》	尋問《じんもん》・尋常《じんじょう》 道《みち》を尋《たず》ねる	吹奏《すいそう》・吹雪《ふぶき》 吹《ふ》く	是正《ぜせい》・是認《ぜにん》 是非《ぜひ》・国是《こくぜ》	同姓《どうせい》・別姓《べっせい》 姓《せい》・百姓《ひゃくしょう》	征服《せいふく》・遠征《えんせい》 出征《しゅっせい》	追跡《ついせき》・軌跡《きせき》 奇跡《きせき》・傷跡《きずあと》	独占《どくせん》・占領《せんりょう》 占《し》める・占《うらな》う

すぐにチェック!!
練習問題 ❶

読み

次の——線の**漢字の読み**を**ひらがな**で記せ。

目標時間15分

月　日
/29

解答→別冊 P.10

1 **床下**に食品を貯蔵する。

2 **沼地**に咲く花を写真におさめる。

3 その行動は**称賛**に値する。

4 兄の婚約者を**紹介**される。

5 **詳細**は追ってお知らせいたします。

6 心配をかけまいと**気丈**にふるまう。

7 **六畳**一間の部屋に住んでいる。

8 働いて財産を**殖**やす。

9 クリスマスの**装飾**が街をいろどる。

10 兄に**触発**されてギターを始める。

11 他国の領空を**侵**す。

12 花火の音で窓ガラスが**振動**する。

13 台風で多くの家屋が床下**浸水**した。

14 絵本を読んで子供を**寝**かしつける。

15 その人はとても**慎**み深い女性だ。

16 世界を**激震**させる事件が起こった。

17 神社で**薪能**を鑑賞する。

18 困っている友のために**尽力**する。

19 敵の**陣地**を苦戦の末落とす。

20 昔は小学校を**尋常**小学校といった。

21 口笛を**吹**きながら歩く。

22 一票の格差を**是正**する。

23 お**百姓**さんが畑を耕す。

24 小国が大国に**征服**される。

25 **遺跡**の発掘調査を行う。

26 反対意見が大多数を**占**める。

27 洗ったタオルを**畳**んでしまう。

28 **手触**りのよいタオルを使う。

29 農場の再建に力を**尽**くす。

すぐにチェック!!
練習問題 ❷

書き取り

次の――線の**カタカナ**を**漢字**に直せ。

目標時間15分

月 日

/29

解答→別冊 P.10

1 毎朝六時に**キショウ**する。

2 遺族間でどろ**ヌマ**の争いとなった。

3 英語の授業で一人**ショウ**を学ぶ。

4 作業の手順を**クワ**しく説明する。

5 **ジョウブ**で病気をしたことがない。

6 新しい**タタミ**はよいにおいがする。

7 マグロの**ヨウショク**に成功する。

8 庭で咲いた花を部屋に**カザ**る。

9 その話には**フ**れないでください。

10 人権**シンガイ**の実態を調査する。

11 不景気で売れ行き**フシン**が続く。

12 焼いたナスをだしに**ヒタ**す。

13 **シンシツ**に間接照明を取り入れる。

14 山では常に**シンチョウ**に行動する。

15 明け方の強い**ジシン**で飛び起きた。

16 だんろに**タキギ**をくべる。

17 冷蔵庫の食材が**ツ**きてしまった。

18 **テキジン**に一人で乗り込む。

19 裁判で証人**ジンモン**が行われた。

20 高校で**スイソウ**楽部に入部する。

21 独立の**ゼヒ**を国民に問う。

22 答案用紙に**セイメイ**を記入する。

23 野球チームが海外に**エンセイ**する。

24 建物は**アトカタ**もなく消え去った。

25 戦勝国の**センリョウ**下に置かれる。

26 息子に**セタケ**を追いこされる。

27 友達が遠くから手を**フ**ってくれた。

28 **ヒルネ**の効果が見直されている。

29 寒さで手が**フル**える。

すぐにチェック!!
練習問題③

同音・同訓異字

次の――線の**カタカナ**にあてはまる漢字をそれぞれの**ア～オ**から**一つ**選び、**記号**を記せ。

目標時間 5 分

月　日　／9

解答→別冊 P.10

1 人間国宝の**ショウ**号を贈《おく》られる。
2 日々**ショウ**進してまいります。
3 遺産分割について**ショウ**細を記す。
（**ア** 紹　**イ** 精　**ウ** 詳　**エ** 称　**オ** 省）

4 空き巣の**シン**入経路を調べる。
5 **シン**食を忘れて練習に打ち込む。
6 今も**シン**災のつめあとが残る。
（**ア** 震　**イ** 浸　**ウ** 慎　**エ** 侵　**オ** 寝）

7 天然資源は無**ジン**蔵ではない。
8 試合前に全員で円**ジン**を組む。
9 **ジン**常ではない腹痛に襲われる。
（**ア** 尋　**イ** 仁　**ウ** 人　**エ** 尽　**オ** 陣）

すぐにチェック!!
練習問題④

部　首

次の漢字の**部首**を**ア～エ**から**一つ**選び、**記号に○**をせよ。

目標時間 6 分

月　日　／12

解答→別冊 P.10

		ア	イ	ウ	エ
1	丈	ノ	人	尢	一
2	畳	一	冖	目	田
3	触	角	虫	月	丨
4	寝	又	冫	宀	冖
5	震	辰	厂	⻗	一
6	薪	木	艹	斤	立
7	尽	口	丶	尸	冫
8	尋	丶	工	口	寸
9	吹	欠	人	口	ノ
10	是	日	一	⺪	止
11	床	广	厂	丶	木
12	占	ト	口	一	丨

4級配当漢字表 7

見出し	漢字	画数	音	訓	部首	部首名	用例
セ	扇	10	セン	おうぎ	戸	とだれ とかんむり	扇子《せんす》・扇形《おうぎがた》
	鮮	17	セン	あざ(やか)	魚	うおへん	新鮮《しんせん》・鮮明《せんめい》 鮮《あざ》やか
ソ	訴	12	ソ	うった(える)	言	ごんべん	提訴《ていそ》・起訴《きそ》 訴《うった》える
	僧	13	ソウ		亻	にんべん	僧院《そういん》・僧職《そうしょく》 高僧《こうそう》・名僧《めいそう》
	燥	17	ソウ		火	ひへん	乾燥《かんそう》・高燥《こうそう》
	騒	18	ソウ	さわ(ぐ)	馬	うまへん	騒音《そうおん》・騒然《そうぜん》 騒《さわ》ぐ・胸騒《むなさわ》ぎ
	贈	18	ゾウ ソウ	おく(る)	貝	かいへん	贈与《ぞうよ》・贈答《ぞうとう》 贈《おく》る
	即	7	ソク		卩	わりふ ふしづくり	即座《そくざ》・即決《そっけつ》 即答《そくとう》・即席《そくせき》
	俗	9	ゾク		亻	にんべん	民俗《みんぞく》・風俗《ふうぞく》 通俗《つうぞく》・俗悪《ぞくあく》
タ	耐	9	タイ	た(える)	而	しかして しこうして	耐久《たいきゅう》・耐震《たいしん》 耐《た》える
	替	12	タイ	か(える) か(わる)	曰	ひらび いわく	交替《こうたい》・代替《だいたい》 日替《ひが》わり
	沢	7	タク	さわ	氵	さんずい	沢山《たくさん》・光沢《こうたく》 沢登《さわのぼ》り
	拓	8	タク		扌	てへん	開拓《かいたく》・干拓《かんたく》 拓殖《たくしょく》・魚拓《ぎょたく》
	濁	16	ダク	にご(る) にご(す)	氵	さんずい	汚濁《おだく》・濁音《だくおん》 濁《にご》る・濁《にご》す
	脱	11	ダツ	ぬ(ぐ) ぬ(げる)	月	にくづき	脱皮《だっぴ》・脱落《だつらく》 脱却《だっきゃく》・脱《ぬ》ぐ
	丹	4	タン		丶	てん	丹念《たんねん》・丹精《たんせい》 丹頂《たんちょう》
	淡	11	タン	あわ(い)	氵	さんずい	濃淡《のうたん》・淡水《たんすい》 枯淡《こたん》・淡《あわ》い
	嘆	13	タン	なげ(く) なげ(かわしい)	口	くちへん	悲嘆《ひたん》・驚嘆《きょうたん》 嘆《なげ》かわしい
	端	14	タン	はし は(高) はた	立	たつへん	極端《きょくたん》・端正《たんせい》 先端《せんたん》・端末《たんまつ》 端《はし》・川端《かわばた》
	弾	12	ダン	ひ(く) はず(む) たま	弓	ゆみへん	弾圧《だんあつ》・弾力《だんりょく》 弾《はず》む
チ	恥	10	チ	は(じる) はじ は(じらう) は(ずかしい)	心	こころ	無恥《むち》 恥《はじ》・恥《は》じる 恥《は》ずかしい
	致	10	チ	いた(す)	至	いたる	一致《いっち》・合致《がっち》 招致《しょうち》・致《いた》す
	遅	12	チ	おく(れる) おく(らす) おそ(い)	辶	しんにょう しんにゅう	遅延《ちえん》・遅刻《ちこく》 遅咲《おそざ》き・遅《おそ》い
	蓄	13	チク	たくわ(える)	艹	くさかんむり	含蓄《がんちく》・備蓄《びちく》 蓄積《ちくせき》・蓄《たくわ》える

すぐにチェック!!
練習問題 1

読み

次の——線の**漢字の読み**を**ひらがな**で記せ。

目標時間15分

月　日

29

解答→別冊 P.11

1 **扇風機**を回して暑さをしのぐ。

2 **新鮮**な野菜で作ったサラダを食べる。

3 被疑者が検察官により**起訴**される。

4 フランスの古い**僧院**を訪ねる。

5 台所に食器乾**燥**機を設置する。

6 工事の**騒音**になやまされる。

7 果物を**贈答**用の箱につめてもらう。

8 悪天候で試合は**即刻**中止された。

9 信仰を**民俗**学的に考察する。

10 防寒着を着て寒さに**耐**える。

11 制服からジャージに**着替**える。

12 **光沢**のある上品なドレスを選ぶ。

13 見事なタイをつって**魚拓**を取る。

14 **清濁**あわせのむ度量が必要だ。

15 都会を**脱出**して自然の中で暮らす。

16 寺の境内を**丹念**にはき清める。

17 友人の**冷淡**な態度に驚く。

18 家族をなくして**悲嘆**に暮れる。

19 **極端**な話ばかりしないでください。

20 旅行のことを考えると心が**弾**む。

21 あまりに厚顔**無恥**な男だ。

22 そのけがが**致命傷**となり亡くなった。

23 帰りが**遅**いとしかられる。

24 石油の**備蓄**量が減少している。

25 あのときの様子を**鮮明**に思い出す。

26 暑いので上着を一枚**脱**いだ。

27 道路の**端**を一列になって歩く。

28 ピストルの**弾**が的に当たった。

29 そのときの自らの行いを**恥**じる。

すぐにチェック!!
練習問題②

書き取り

次の――線の**カタカナ**を**漢字**に直せ。

目標時間15分

月　日

29

解答→別冊 P.11

1 野球の捕《ほ》手は**オウギ**の要だ。

2 魚の**センド**を保って輸送する。

3 高齢《れい》者が体調不良を**ウッタ**える。

4 **メイソウ**の残した言葉に救われる。

5 酒を飲んで**ソウドウ**を起こす。

6 妻の誕生日の**オク**り物を選ぶ。

7 父王のあとをついで**ソクイ**する。

8 その雑誌は**テイゾク**な記事が多い。

9 **タイネツ**ガラスの器で調理する。

10 **コウタイ**で車の運転をする。

11 ごちそうを**タクサン**作る。

12 **カンタク**事業が中止となった。

13 橋が**ダクリュウ**に飲みこまれた。

14 温泉の**ダツイ**所に荷物を預ける。

15 **タンセイ**込めた料理でもてなす。

16 **アワ**い色合いの服を好む。

17 身の不幸を**ナゲ**くばかりだ。

18 井戸**バタ**会議がにぎやかだ。

19 **ダンリョク**のあるボールで遊ぶ。

20 自分の無知で**ハジ**をかいた。

21 二人の証言は完全に**イッチ**した。

22 兄は**チコク**の常習犯だ。

23 老後の生活資金を**タクワ**える。

24 三十歳で初優勝した**オソ**咲きの人だ。

25 電車内で**サワ**ぐ子供たちをしかる。

26 山で**サワ**登りを楽しむ。

27 雨で川の水が**ニゴ**る。

28 ピアノの**ヒ**き語りをする。

29 よろしくお願い**イタ**します。

すぐにチェック!!
練習問題③

同音・同訓異字

次の――線の**カタカナ**にあてはまる漢字をそれぞれの**ア**～**オ**から**一つ**選び、**記号**を記せ。

目標時間 5 分

月　日　/9

解答→別冊 P.11

1 チベットの高**ソウ**が来日する。
2 このところ空気が乾**ソウ**している。
3 番くるわせに場内が**ソウ**然となる。

（ア 騒　イ 創　ウ 層　エ 燥　オ 僧）

4 母が**タン**精込めて作った料理だ。
5 父は**タン**水魚を飼育している。
6 **タン**整な顔立ちの少年だ。

（ア 探　イ 丹　ウ 淡　エ 端　オ 嘆）

7 水泳の世界大会を招**チ**する。
8 信号機故障で電車が**チ**延する。
9 職場体験は価**チ**ある経験となった。

（ア 致　イ 遅　ウ 値　エ 治　オ 恥）

すぐにチェック!!
練習問題④

部首

次の漢字の**部首**を**ア**～**エ**から**一つ**選び、**記号に○**をせよ。

目標時間 6 分

月　日　/12

解答→別冊 P.11

		ア	イ	ウ	エ
1	扇	尸	羽	戸	一
2	鮮	灬	田	羊	魚
3	騒	又	虫	灬	馬
4	即	ム	日	丨	卩
5	耐	ノ	一	而	寸
6	替	二	曰	大	人
7	脱	月	ノ	儿	口
8	丹	亅	冂	丶	一
9	端	而	立	山	亠
10	恥	丨	心	一	耳
11	致	至	夂	ム	土
12	蓄	玄	艹	亠	田

4級配当漢字表 8

見出し	漢字	画数	音	訓	部首	部首名	用例
チ	跳	13	チョウ	は(ねる)、と(ぶ)	⻊	あしへん	跳躍《ちょうやく》・跳馬《ちょうば》、跳《は》ねる・跳《と》ぶ
	徴	14	チョウ		彳	ぎょうにんべん	象徴《しょうちょう》・徴収《ちょうしゅう》、特徴《とくちょう》・徴候《ちょうこう》
	澄	15	チョウ(高)	す(む)、す(ます)	氵	さんずい	空《そら》が澄《す》む、澄《す》まし顔《がお》
	沈	7	チン	しず(む)、しず(める)	氵	さんずい	沈着《ちんちゃく》・沈黙《ちんもく》、沈殿《ちんでん》・沈《しず》む
	珍	9	チン	めずら(しい)	王	おうへん たまへん	珍妙《ちんみょう》・珍獣《ちんじゅう》、珍《めずら》しい
テ	抵	8	テイ		扌	てへん	抵触《ていしょく》・抵抗《ていこう》、抵当《ていとう》・大抵《たいてい》
	提	12	テイ	つつみ	土	つちへん	堤防《ていぼう》・防波堤《ぼうはてい》、堤《つつみ》が切《き》れた
	摘	14	テキ	つ(む)	扌	てへん	摘出《てきしゅつ》・摘発《てきはつ》、花《はな》を摘《つ》む
	滴	14	テキ	しずく、したた(る)(高)	氵	さんずい	一滴《いってき》・水滴《すいてき》、雨《あめ》の滴《しずく》
	添	11	テン	そ(える)、そ(う)	氵	さんずい	添乗《てんじょう》・添加物《てんかぶつ》、添《そ》える
	殿	13	デン、テン	との、どの	殳	るまた ほこづくり	殿堂《でんどう》・沈殿《ちんでん》、御殿《ごてん》・殿様《とのさま》
ト	吐	6	ト	は(く)	口	くちへん	吐露《とろ》・吐息《といき》、吐《は》く
	途	10	ト		辶	しんにょう しんにゅう	途上《とじょう》・途中《とちゅう》、帰途《きと》・別途《べっと》
	渡	12	ト	わた(る)、わた(す)	氵	さんずい	渡航《とこう》・渡《わた》す、渡《わた》し船《ぶね》
	奴	5	ド		女	おんなへん	奴隷《どれい》・農奴《のうど》、売国奴《ばいこくど》
	怒	9	ド	いか(る)、おこ(る)	心	こころ	怒号《どごう》・激怒《げきど》、怒《いか》り・怒《おこ》る
	到	8	トウ		刂	りっとう	到着《とうちゃく》・到達《とうたつ》、殺到《さっとう》・周到《しゅうとう》
	逃	9	トウ	に(げる)、に(がす)、のが(す)、のが(れる)	辶	しんにょう しんにゅう	逃避《とうひ》・逃走《とうそう》、逃亡《とうぼう》・逃《に》げる、逃《に》げ去《さ》る、逃《のが》れる
	倒	10	トウ	たお(れる)、たお(す)	亻	にんべん	倒壊《とうかい》・倒産《とうさん》、打倒《だとう》・倒《たお》れる
	唐	10	トウ	から	口	くち	唐突《とうとつ》・遣唐使《けんとうし》、唐紙《からかみ》・唐草《からくさ》
	桃	10	トウ	もも	木	きへん	白桃《はくとう》・桃源郷《とうげんきょう》、桃《もも》の節句《せっく》
	透	10	トウ	す(く)、す(かす)、す(ける)	辶	しんにょう しんにゅう	透明《とうめい》・透写《とうしゃ》、透《す》き間《ま》
	盗	11	トウ	ぬす(む)	皿	さら	盗難《とうなん》・盗掘《とうくつ》、盗《ぬす》む
	塔	12	トウ		土	つちへん	塔《とう》・金字塔《きんじとう》、五重塔《ごじゅうのとう》
	稲	14	トウ	いね、いな	禾	のぎへん	水稲《すいとう》・稲刈《いねか》り、稲作《いなさく》・稲妻《いなずま》《いなづま》

すぐにチェック!!
練習問題 ①

読み

次の——線の**漢字の読み**を**ひらがな**で記せ。

目標時間**15**分

月　日

29

解答 → 別冊 P.12

1 体操の**跳馬**で金メダルを取る。

2 **特徴**をよくとらえた似顔絵だ。

3 山の**澄**んだ空気を吸いこむ。

4 父はいつも**沈着**冷静に行動する。

5 それは日本で**珍重**される食品だ。

6 父は**大抵**のことでは怒らない。

7 川の**堤**をのんびり歩く。

8 手術でガンを**摘出**する。

9 額から汗の**滴**が落ちる。

10 肉料理に季節の野菜を**添**える。

11 **殿上人**の恋《こい》の物語を読む。

12 ほっとして思わず**吐息**をもらす。

13 経済の立て直しは**前途**多難だ。

14 青年期は子供から大人への**過渡期**だ。

15 **奴**隷《れい》解放宣言が発布された。

16 父の声は**怒気**を含んでいた。

17 電車が**到着**する時刻を調べる。

18 **逃走**する犯人を追う。

19 会社が**倒産**して無職になる。

20 **遣唐使**について学習する。

21 **白桃**の皮をむいてかぶりつく。

22 大きな構造物の内部を**透視**する。

23 畑の作物が**盗**まれる。

24 遠くに送電線の**鉄塔**が見える。

25 日本の**稲作**文化を研究する。

26 兄は走り**高跳**びの選手だった。

27 **珍**しい果物をお土産にもらう。

28 肩を**怒**らせて歩く。

29 葉を光に**透**かして葉脈を見る。

すぐにチェック!!
練習問題❷

書き取り

次の——線の**カタカナ**を**漢字**に直せ。

目標時間15分

月 日

29

解答→別冊 P.12

1 うさぎがぴょんぴょん**ハ**ねる。

2 税金を**チョウシュウ**する。

3 虫の音に耳を**ス**ます。

4 雨が続いて気持ちが**シズ**む。

5 山海の**チンミ**で客をもてなす。

6 自宅を**テイトウ**に入れる。

7 **テイボウ**に続く桜並木を歩く。

8 新茶を**ツ**む季節になった。

9 氷を入れたコップに**スイテキ**がつく。

10 **テンプ**されたファイルを開く。

11 野球**デンドウ**入りを果たす。

12 ほっとして大きく息を**ハ**いた。

13 そのプランは**ベット**料金がかかる。

14 兄は世**ワタ**り上手だ。

15 その男は守銭**ド**として悪名が高い。

16 ひどい裏切り行為に**ゲキド**する。

17 **シュウトウ**に準備を進める。

18 海外で**トウボウ**生活を送る。

19 段差につまづいて**テントウ**する。

20 **カラクサ**模様のふろしきで包む。

21 庭に二本の**モモ**の木を植える。

22 **トウメイ**感のある歌声が美しい。

23 **トウナン**事件が多発している。

24 京都にある五重の**トウ**をめぐる。

25 子供たちが**イネ**刈りを体験する。

26 **トノサマ**商売にあぐらをかいている。

27 そうじをなまけ**オコ**られる。

28 **ニ**げるシマウマをライオンが追う。

29 過労で**タオ**れて病院に運ばれる。

すぐにチェック!!
練習問題 ❸

同音・同訓異字

次の——線の**カタカナ**にあてはまる漢字をそれぞれの**ア〜オ**から**一つ**選び、**記号**を記せ。

1 **チョウ**躍《やく》力を高める訓練を行う。
2 ハトは平和の象**チョウ**だ。
3 道路の拡**チョウ**工事が行われる。
（**ア** 跳　**イ** 徴　**ウ** 張　**エ** 調　**オ** 帳）

4 裏庭で野いちごを**ツ**む。
5 車にキャンプ道具を**ツ**む。
6 音楽関係の仕事に**ツ**く。
（**ア** 付　**イ** 積　**ウ** 就　**エ** 着　**オ** 摘）

7 注文が殺**トウ**して品切れになる。
8 長年勤めた会社が**トウ**産した。
9 父は**トウ**突《とつ》に話を切り上げた。
（**ア** 到　**イ** 倒　**ウ** 盗　**エ** 唐　**オ** 逃）

目標時間 5 分
月　日　/9
解答 → 別冊 P.12

すぐにチェック!!
練習問題 ❹

部首

次の漢字の**部首**を**ア〜エ**から**一つ**選び、**記号に○**をせよ。

	漢字	ア	イ	ウ	エ
1	跳	⻊	止	儿	口
2	徴	攵	王	彳	山
3	珍	⺩	彡	人	ノ
4	殿	八	几	尸	殳
5	吐	十	土	二	口
6	奴	又	人	女	ノ
7	怒	女	ノ	心	又
8	到	亅	土	刂	厶
9	倒	刂	厶	土	亻
10	唐	口	厂	、	广
11	盗	冫	皿	罒	欠
12	塔	艹	人	口	土

目標時間 6 分
月　日　/12
解答 → 別冊 P.12

すぐにチェック!! 練習問題❶

漢字と送りがな

次の――線のカタカナを漢字一字と送りがな（ひらがな）に直せ。

目標時間 5 分

月　日　／10

解答 → 別冊 P.13

1 故郷の街がサビレル。

2 駅までの道順をタズネル。

3 優勝の行方をウラナウ一戦だ。

4 若葉の新緑が目にアザヤカだ。

5 駅前がなにやらサワガシイ。

6 安全軽視とはナゲカワシイ話だ。

7 人前でハズカシイ思いをした。

8 待ち合わせの時間にオクレル。

9 海外のメズラシイ切手を集める。

10 罪からノガレルことはできない。

すぐにチェック!! 練習問題❷

対義語・類義語

次の□のひらがなを対義語（↕）、類義語（＝）になるよう漢字を一字記せ。

目標時間 7 分

月　日　／14

解答 → 別冊 P.13

1 起床 ↕ 就□《しん》

2 将来 ＝ 前□《と》

3 加盟 ↕ □《だつ》退

4 専有 ＝ 独□《せん》

5 弁解 ＝ □《しゃく》明

6 親切 ↕ 冷□《たん》

7 軽率 ↕ □《しん》重

8 綿密 ＝ 周□《とう》

9 納入 ↕ □《ちょう》収

10 消費 ↕ 貯□《ちく》

11 健康 ＝ □《じょう》夫

12 供給 ↕ □《じゅ》要

13 冷静 ＝ □《ちん》着

14 清流 ↕ □《だく》流

すぐにチェック!!
練習問題③

誤字訂正

次の各文にまちがって使われている**同じ読みの漢字が一字**ある。**上に誤字を、下に正しい漢字**を記せ。

目標時間 3 分

月　日　/6

解答→別冊 P.13

1 映画や演劇に表情をつける効果音は、様々な装致を使って作り出される。

2 先日の花粉情報では、スギ花粉の飛散は四月の下旬にようやく終即するらしい。

3 その証人は不敵な笑みをうかべ、尋問する検事に意味侵長な視線を向けた。

4 一部の特権階級に俗す人々は貧困に苦しむ大衆の生活には無関心だ。

5 現代の日本人は時間に追われ、仕事の合間に簡単に食事を澄ませる場合が多い。

6 会員登録をしたユーザー限定で占用ページから詳細な情報を受けられる。

すぐにチェック!!
練習問題④

四字熟語

次の□の**カタカナ**に従って、**漢字を一字**記せ。

目標時間 7 分

月　日　/14

解答→別冊 P.13

1 用意周□《トウ》

2 名所旧□《セキ》

3 優□《ジュウ》不断

4 □《ゼ》非善悪

5 山□《シ》水明

6 青息□《ト》息

7 同□《ショウ》異夢

8 多事多□《タン》

9 言行一□《チ》

10 一□《ショク》即発

11 意気消□《チン》

12 前□《ト》有望

13 人面□《ジュウ》心

14 縦横無□《ジン》

4級配当漢字表 9

漢字	画数	読み	部首	用例
踏（ト）	15	音 トウ／訓 ふ(む)・ふ(まえる)	⻊ あしへん	踏襲《とうしゅう》・未踏《みとう》／踏《ふ》む・足踏《あしぶ》み
闘	18	音 トウ／訓 たたか(う)	門 もんがまえ	戦闘《せんとう》・闘志《とうし》／闘《たたか》う・闘《たたか》い
胴	10	音 ドウ	月 にくづき	胴《どう》・胴上《どうあ》げ／胴回《どうまわ》り
峠	9	訓 とうげ	山 やまへん	峠道《とうげみち》／峠《とうげ》を越《こ》す
突	8	音 トツ／訓 つ(く)	穴 あなかんむり	突入《とつにゅう》・突進《とっしん》／突拍子《とっぴょうし》・突《つ》く
鈍	12	音 ドン／訓 にぶ(い)・にぶ(る)	金 かねへん	鈍角《どんかく》・鈍痛《どんつう》／決意《けつい》が鈍《にぶ》る
曇	16	音 ドン／訓 くも(る)	日 ひ	曇天《どんてん》／薄曇《うすぐも》り
弐（ニ）	6	音 ニ	弋 しきがまえ	弐円《にえん》／弐千円《にせんえん》
悩（ノ）	10	音 ノウ／訓 なや(む)・なや(ます)	忄 りっしんべん	苦悩《くのう》・悩《なや》み／悩《なや》ましい

漢字	画数	読み	部首	用例
濃	16	音 ノウ／訓 こ(い)	氵 さんずい	濃度《のうど》・濃縮《のうしゅく》／濃霧《のうむ》・濃《こ》い
杯（ハ）	8	音 ハイ／訓 さかずき	木 きへん	一杯《いっぱい》・金杯《きんぱい》／杯《さかずき》を交《か》わす
輩	15	音 ハイ	車 くるま	輩出《はいしゅつ》・先輩《せんぱい》／同輩《どうはい》
拍	8	音 ハク・ヒョウ	扌 てへん	脈拍《みゃくはく》・拍手《はくしゅ》／三拍子《さんびょうし》
泊	8	音 ハク／訓 と(まる)・と(める)	氵 さんずい	宿泊《しゅくはく》・外泊《がいはく》／宿《やど》に泊《と》まる
迫	8	音 ハク／訓 せま(る)	辶 しんにょう しんにゅう	迫力《はくりょく》・圧迫《あっぱく》／出発《しゅっぱつ》が迫《せま》る
薄	16	音 ハク／訓 うす(い)・うす(める)・うす(まる)・うす(らぐ)・うす(れる)	艹 くさかんむり	薄情《はくじょう》・薄利《はくり》／軽薄《けいはく》・希薄《きはく》／薄《うす》い・薄味《うすあじ》
爆	19	音 バク	火 ひへん	爆発《ばくはつ》・爆音《ばくおん》／爆薬《ばくやく》・自爆《じばく》
髪	14	音 ハツ／訓 かみ	髟 かみがしら	散髪《さんぱつ》・頭髪《とうはつ》／髪《かみ》・間一髪《かんいっぱつ》

漢字	画数	読み	部首	用例
抜	7	音 バツ／訓 ぬ(く)・ぬ(ける)・ぬ(かす)・ぬ(かる)	扌 てへん	選抜《せんばつ》・奇抜《きばつ》／抜《ぬ》く・腰抜《こしぬ》け
罰	14	音 バツ・バチ	罒 あみがしら あみめ よこめ	罰金《ばっきん》・体罰《たいばつ》／罰当《ばちあ》たり
般	10	音 ハン	舟 ふねへん	一般《いっぱん》・全般《ぜんぱん》／今般《こんぱん》・先般《せんぱん》
販	11	音 ハン	貝 かいへん	販売《はんばい》・販路《はんろ》／市販《しはん》
搬	13	音 ハン	扌 てへん	搬入《はんにゅう》・搬送《はんそう》／運搬《うんぱん》
範	15	音 ハン	⺮ たけかんむり	範囲《はんい》・広範《こうはん》／師範《しはん》・規範《きはん》
繁	16	音 ハン	糸 いと	繁栄《はんえい》・繁雑《はんざつ》／繁忙《はんぼう》・繁茂《はんも》
盤	15	音 バン	皿 さら	序盤《じょばん》・円盤《えんばん》／終盤《しゅうばん》・盤石《ばんじゃく》
彼（ヒ）	8	音 ヒ／訓 かれ・かの	彳 ぎょうにんべん	彼岸《ひがん》／彼《かれ》ら・彼女《かのじょ》

すぐにチェック!!
練習問題 1

読み

次の――線の漢字の読みをひらがなで記せ。

目標時間15分

月 日 / 29

解答→別冊 P.14

1 一人で雪山を**踏破**する。

2 長い間病気と**闘**っている。

3 合格した受験生を**胴上**げする。

4 **峠道**を歩いて山の向こうへ出る。

5 ゴール目がけて**突進**する。

6 ひどく**鈍重**な足取りで歩く。

7 結果を聞いて姉の表情が**曇**った。

8 領収書に**弐万**円と記入する。

9 表情に**苦悩**の色がにじみ出る。

10 **濃縮**ジュースを水でうすめて飲む。

11 チームのメンバーと**祝杯**をあげる。

12 **先輩**社員に仕事を教わる。

13 転んだ**拍子**に足首をひねった。

14 夏休みは祖父母の家に**泊**まる。

15 **迫力**のある大画面で映画を見る。

16 社員たちの当事者意識が**希薄**だ。

17 **爆発**的に人口が増えている。

18 たまには**髪型**を変えてみる。

19 民衆を**骨抜**きにして統治する。

20 違反者が次々に**処罰**される。

21 ごく**一般**的な家庭で育った。

22 伝統工芸品を海外向けに**販売**する。

23 砂利**運搬**船が難破する。

24 期末試験の出題**範囲**を勉強する。

25 **繁雑**な事務作業を効率化する。

26 家を建てる前に**地盤**調査を行う。

27 「暑さ寒さも**彼岸**まで」という。

28 調査結果を**踏**まえて対策を立てる。

29 健康のために料理を**薄味**にする。

すぐにチェック!! 練習問題②

書き取り

次の——線のカタカナを漢字に直せ。

目標時間15分

月 日 /29

解答→別冊 P.14

1 一年間の海外留学にフみ切る。

2 選手たちのケントウをたたえる。

3 救命ドウイを身に付ける。

4 トウゲの茶屋でひと休みする。

5 試験で難問にツき当たった。

6 決心がニブらないうちに出発する。

7 あいにくのドンテンで視界が悪い。

8 ナヤみ事があれば話してください。

9 調味料の塩分ノウドを測定する。

10 サカズキに酒を注ぐ。

11 学者を多数ハイシュツする名門校。

12 客席からハクシュがわき起こった。

13 温泉地の旅館にシュクハクする。

14 ヒロインの身に危険がセマる。

15 ケイハクな人は信用できない。

16 プロペラ機のバクオンが聞こえる。

17 風でトウハツが乱れる。

18 妹は運動神経がバツグンだ。

19 スピード違反のバッキンをはらう。

20 ショハンの事情により中止となる。

21 薬局でシハン薬を買う。

22 倉庫に商品をハンニュウする。

23 友人はモハン的な学生だ。

24 子孫ハンエイを願った祭りを行う。

25 ジョバンに勝負はほぼ決した。

26 カノジョは幸せそうに笑った。

27 昔ながらの味のコい野菜だ。

28 池の表面にウスい氷が張った。

29 森をヌけると田んぼが広がっていた。

すぐにチェック!! 練習問題③

同音・同訓異字

次の――線の**カタカナ**にあてはまる漢字をそれぞれの**ア～オ**から**一つ**選び、**記号**を記せ。

目標時間 5 分　月　日　/9

解答→別冊 P.14

1 家庭と仕事との間で苦**ノウ**する。

2 とりガラで**ノウ**厚なスープをとる。

3 自己管理**ノウ**力を高める。

（**ア** 納　**イ** 農　**ウ** 悩　**エ** 濃　**オ** 能）

4 毎朝血圧と脈**ハク**を測定する。

5 入院中の外**ハク**には届け出が必要だ。

6 **ハク**氷を踏む思いで予選を通過した。

（**ア** 拍　**イ** 薄　**ウ** 泊　**エ** 博　**オ** 迫）

7 海外の**ハン**路を拡大する。

8 負傷者を救急病院へ**ハン**送する。

9 祖母は茶道の師**ハン**だ。

（**ア** 般　**イ** 販　**ウ** 繁　**エ** 範　**オ** 搬）

すぐにチェック!! 練習問題④

部首

次の漢字の**部首**を**ア～エ**から**一つ**選び、**記号に○**をせよ。

目標時間 6 分　月　日　/12

解答→別冊 P.14

1 突（ア 宀　イ 儿　ウ 穴　エ 大）

2 曇（ア ⻗　イ 二　ウ 厶　エ 日）

3 式（ア 冫　イ 一　ウ 丶　エ 弋）

4 輩（ア ノ　イ 日　ウ 車　エ 非）

5 薄（ア 寸　イ 田　ウ 氵　エ 艹）

6 髪（ア 彡　イ 長　ウ 大　エ 髟）

7 罰（ア 刂　イ 罒　ウ 言　エ 口）

8 般（ア 殳　イ 又　ウ 舟　エ 几）

9 搬（ア 扌　イ 几　ウ 殳　エ 舟）

10 繁（ア 毋　イ 糸　ウ 小　エ 攵）

11 盤（ア 舟　イ 又　ウ 殳　エ 皿）

12 彼（ア 皮　イ 又　ウ 彳　エ 广）

4級配当漢字表 10

	漢字	画数	音	訓	部首	部首名	用例
ヒ	疲	10	ヒ	つか(れる)	疒	やまいだれ	疲労《ひろう》・気疲《きづか》れ 疲《つか》れた顔《かお》
	被	10	ヒ	こうむ(る)	衤	ころもへん	被害《ひがい》・被告《ひこく》 損害《そんがい》を被《こうむ》る
	避	16	ヒ	さ(ける)	辶	しんにょう しんにゅう	避難《ひなん》・回避《かいひ》 暑《あつ》さを避《さ》ける
	尾	7	ビ	お	尸	かばね しかばね	尾翼《びよく》・首尾《しゅび》 尾根《おね》
	微	13	ビ		彳	ぎょうにんべん	微妙《びみょう》・微力《びりょく》 微細《びさい》・微風《びふう》
	匹	4	ヒツ	ひき	匚	かくしがまえ	匹敵《ひってき》 一匹《いっぴき》
	描	11	ビョウ	えが(く) か(く)	扌	てへん	描写《びょうしゃ》・素描《そびょう》 花《はな》を描《えが(か)》く
	浜	10	ヒン	はま	氵	さんずい	海浜《かいひん》・京浜《けいひん》 浜辺《はまべ》・砂浜《すなはま》
	敏	10	ビン		攵	のぶん ぼくづくり	過敏《かびん》・敏速《びんそく》 機敏《きびん》・鋭敏《えいびん》
フ	怖	8	フ	こわ(い)	忄	りっしんべん	恐怖《きょうふ》 怖《こわ》い顔《かお》
	浮	10	フ	う(く) う(かれる) う(かぶ) う(かべる)	氵	さんずい	浮沈《ふちん》・浮力《ふりょく》 水《みず》に浮《う》く
	普	12	フ		日	ひ	普通《ふつう》・普及《ふきゅう》 普段《ふだん》
	腐	14	フ	くさ(る) くさ(れる) くさ(らす)	肉	にく	腐食《ふしょく》・豆腐《とうふ》 腐敗《ふはい》・腐《くさ》る
	敷	15	フ(高)	し(く)	攵	のぶん ぼくづくり	敷布《しきふ》・屋敷《やしき》 ふとんを敷《し》く
	膚	15	フ		肉	にく	皮膚《ひふ》・完膚《かんぷ》
	賦	15	フ		貝	かいへん	賦与《ふよ》 月賦《げっぷ》・天賦《てんぷ》
	舞	15	ブ	ま(う) まい	舛	まいあし	舞台《ぶたい》・乱舞《らんぶ》 舞《ま》う・見舞《みま》い
	幅	12	フク	はば	巾	はばへん きんべん	全幅《ぜんぷく》・増幅《ぞうふく》 歩幅《ほはば》・道幅《みちはば》
	払	5	フツ(高)	はら(う)	扌	てへん	前払《まえばら》い 支払《しはら》い
	噴	15	フン	ふ(く)	口	くちへん	噴出《ふんしゅつ》・噴火《ふんか》 火《ひ》を噴《ふ》く
ヘ	柄	9	ヘイ(高)	がら え	木	きへん	大柄《おおがら》・家柄《いえがら》 柄物《がらもの》・かさの柄《え》
	壁	16	ヘキ	かべ	土	つち	岸壁《がんぺき》・壁画《へきが》 鉄壁《てっぺき》・壁紙《かべがみ》
ホ	捕	10	ホ	と(らえる) と(らわれる) と(る) つか(まえる) つか(まる)	扌	てへん	捕手《ほしゅ》・捕獲《ほかく》 犯人《はんにん》を捕《と》らえる 捕《つか》まえる
	舗	15	ホ		舌	した	舗道《ほどう》・舗装《ほそう》 店舗《てんぽ》・本舗《ほんぽ》

すぐにチェック!!
練習問題 ❶

読み

次の——線の**漢字の読み**を**ひらがな**で記せ。

目標時間15分

月　日

29

解答→別冊 P.15

1 **疲労**に効果のある温泉につかる。

2 隣《りん》人の生活態度が悪く迷惑《わく》を**被**る。

3 無用な戦いを**回避**する。

4 **語尾**をのばさずに話す。

5 **微力**ながら助けになりたい。

6 人間の知能に**匹敵**する人工知能だ。

7 その絵は風景の**描写**がすばらしい。

8 **海浜**公園でピクニックをする。

9 犬は飼い主の気持ちに**敏感**だ。

10 恐**怖**のあまり声も出せない。

11 容疑者として男の名前が**浮上**する。

12 高校の**普通**科に進学する。

13 政治の**腐敗**が進んでいる。

14 **敷物**の上に花びんをのせる。

15 **完膚**なきまでにたたきのめす。

16 **天賦**の才に恵まれた画家だ。

17 **舞台**の上で役を演じきった。

18 予定時間を**大幅**に過ぎている。

19 社員は全員**出払**っております。

20 民衆の不満が一気に**噴出**した。

21 貴族の**家柄**に生まれる。

22 傷んだ**壁画**の修復を行う。

23 投手と**捕手**の息がぴったりだ。

24 きれいに**舗装**された道路を走る。

25 流れ星が長い**尾**を引いて消えた。

26 川の水面にもみじが**浮**いている。

27 京都で**舞子**さんを見かける。

28 城に向けて大砲《ほう》が火を**噴**いた。

29 かくれていた敵兵を**捕**らえる。

すぐにチェック!!
練習問題②

書き取り

次の——線の**カタカナ**を**漢字**に直せ。

目標時間15分

月　日　/29

解答→別冊 P.15

1 近所づきあいに**キヅカ**れを感じる。

2 幸い大きな**ヒガイ**はなかった。

3 災害時の**ヒナン**所を確認する。

4 計画は**シュビ**よく運んだ。

5 母は優しい**ビショウ**を浮かべた。

6 犬を**イッピキ**飼っている。

7 思い**エガ**いた未来が現実になる。

8 **ハマベ**に波が打ち寄せる。

9 カフェインに**カビン**に反応する。

10 兄は**コワ**いもの知らずだ。

11 水中では物体に**フリョク**が働く。

12 **フダン**から運動するよう心がける。

13 電柱の**フショク**を防止する。

14 居間にカーペットを**シ**く。

15 日に焼けて**ヒフ**が赤くなる。

16 仕立てのよい背広を**ゲップ**で買う。

17 入院中の恩師を**ミマ**う。

18 弁護士に**ゼンプク**の信頼《らい》を寄せる。

19 買い物の代金を**シハラ**う。

20 その山は五十年ぶりに**フンカ**した。

21 部下の**テガラ**を自分のものにする。

22 クルーズ船が**ガンペキ**に接岸する。

23 ようやく放火犯が**ツカ**まった。

24 都心に新**テンポ**を建設する。

25 水たまりを**サ**けて歩く。

26 水をやりすぎて植物の根が**クサ**る。

27 **ミチハバ**が広くて運転しやすい。

28 かさの**エ**に名前を入れる。

29 部屋の**カベガミ**を張りかえる。

すぐにチェック!! 練習問題 ❸

同音・同訓異字

次の――線の**カタカナ**にあてはまる漢字をそれぞれの**ア～オ**から**一つ**選び、**記号**を記せ。

目標時間 5 分　月　日　/9

解答 → 別冊 P.15

1 運動選手は**ヒ**労骨折を生じやすい。

2 **ヒ**災地で救助活動を行う。

3 夏の間は**ヒ**暑地ですごす。

（**ア** 疲　**イ** 否　**ウ** 被　**エ** 秘　**オ** 避）

4 最下位チームが三位に**フ**上する。

5 デジタルカメラが**フ**及して久しい。

6 湯豆**フ**に薬味をそえていただく。

（**ア** 浮　**イ** 怖　**ウ** 賦　**エ** 普　**オ** 腐）

7 道路の**フク**員を調べる。

8 **フク**痛で学校を休む。

9 好きな画家の**フク**製画をかざる。

（**ア** 複　**イ** 幅　**ウ** 腹　**エ** 復　**オ** 福）

すぐにチェック!! 練習問題 ❹

部首

次の漢字の**部首**を**ア～エ**から**一つ**選び、**記号に○**をせよ。

目標時間 6 分　月　日　/12

解答 → 別冊 P.15

		ア	イ	ウ	エ
1	疲	疒	广	皮	又
2	避	辛	口	辶	尸
3	尾	尸	毛	乚	ノ
4	徴	攵	儿	彳	山
5	匹	儿	匚	匸	匹
6	普	一	二	日	丶
7	腐	寸	亻	广	肉
8	膚	田	肉	虍	广
9	賦	弋	貝	一	止
10	舞	ノ	夕	一	舛
11	壁	口	土	尸	辛
12	舗	土	舌	人	口

4級配当漢字表 11

見出し	画数	漢字	音	訓	部首	部首名	用例
ホ	8	抱	ホウ	だ(く)・いだ(く)・かか(える)	扌	てへん	抱負《ほうふ》・介抱《かいほう》／抱《いだ》く・抱《かか》える
	10	峰	ホウ	みね	山	やまへん	主峰《しゅほう》・秀峰《しゅうほう》／富士《ふじ》の峰《みね》
	10	砲	ホウ		石	いしへん	砲火《ほうか》・砲丸《ほうがん》／大砲《たいほう》・鉄砲《てっぽう》
	6	忙	ボウ	いそが(しい)	忄	りっしんべん	多忙《たぼう》・忙殺《ぼうさつ》／忙《いそが》しい
	7	坊	ボウ・ボッ		土	つちへん	坊門《ぼうもん》・宿坊《しゅくぼう》／坊《ぼっ》ちゃん
	8	肪	ボウ		月	にくづき	脂肪《しぼう》
	9	冒	ボウ	おか(す)	曰	ひらび・いわく	冒険《ぼうけん》・感冒《かんぼう》／肺《はい》が冒《おか》される
	12	傍	ボウ	かたわ(ら)高	亻	にんべん	傍観《ぼうかん》・路傍《ろぼう》／傍受《ぼうじゅ》・傍証《ぼうしょう》
	12	帽	ボウ		巾	はばへん・きんべん	帽子《ぼうし》・帽章《ぼうしょう》／学帽《がくぼう》・脱帽《だつぼう》
	3	凡	ボン・ハン高		几	つくえ	凡才《ぼんさい》・凡人《ぼんじん》／平凡《へいぼん》・非凡《ひぼん》
	9	盆	ボン		皿	さら	盆地《ぼんち》・盆石《ぼんせき》／盆踊《ぼんおど》り
マ	14	慢	マン		忄	りっしんべん	慢心《まんしん》・慢性《まんせい》／我慢《がまん》・高慢《こうまん》
	14	漫	マン		氵	さんずい	散漫《さんまん》・漫然《まんぜん》／漫画《まんが》・漫才《まんざい》
ミ	7	妙	ミョウ		女	おんなへん	妙案《みょうあん》・妙技《みょうぎ》／奇妙《きみょう》・巧妙《こうみょう》
	10	眠	ミン	ねむ(る)・ねむ(い)	目	めへん	安眠《あんみん》・冬眠《とうみん》／眠気《ねむけ》・眠《ねむ》り薬《ぐすり》
ム	5	矛	ム	ほこ	矛	ほこ	矛盾《むじゅん》／矛先《ほこさき》
	19	霧	ム	きり	雨	あめかんむり	霧散《むさん》・霧氷《むひょう》／濃霧《のうむ》・夜霧《よぎり》
	10	娘		むすめ	女	おんなへん	娘心《むすめごころ》／箱入《はこい》り娘《むすめ》
モ	8	茂	モ	しげ(る)	艹	くさかんむり	繁茂《はんも》／茂《しげ》る・茂《しげ》み
	11	猛	モウ		犭	けものへん	猛威《もうい》・猛烈《もうれつ》／猛獣《もうじゅう》・勇猛《ゆうもう》
	14	網	モウ	あみ	糸	いとへん	連絡網《れんらくもう》／網目《あみめ》・網元《あみもと》
	15	黙	モク	だま(る)	黒	くろ	暗黙《あんもく》・沈黙《ちんもく》／黙読《もくどく》・黙《だま》る
	10	紋	モン		糸	いとへん	紋章《もんしょう》・紋付《もんつ》き／家紋《かもん》・指紋《しもん》
ヤ	21	躍	ヤク	おど(る)	𧾷	あしへん	躍進《やくしん》・活躍《かつやく》／胸《むね》が躍《おど》る
ユ	12	雄	ユウ	お・おす	隹	ふるとり	雄大《ゆうだい》・英雄《えいゆう》／雄花《おばな》・雄犬《おすいぬ》
ヨ	3	与	ヨ	あた(える)	一	いち	贈与《ぞうよ》・寄与《きよ》／与《あた》える

すぐにチェック!!
練習問題❶

読み

次の——線の**漢字の読み**を**ひらがな**で記せ。

目標時間15分

月　日　/29

解答 → 別冊 P.16

1 正月に今年の**抱負**を述べる。

2 ニセコ**連峰**を縦走する。

3 竹を使って**水鉄砲**を作る。

4 苦情の対応に**忙殺**される。

5 お**坊**さんにお経を上げてもらう。

6 脂**肪**分の多い食事を改める。

7 **冒険**物語を好んで読んだ。

8 試験で**傍線**部の意味を問われる。

9 司会者のたくみな話術に脱**帽**する。

10 平和で**平凡**な毎日に満足している。

11 夏祭りの**盆**踊《おど》り大会に参加する。

12 それは**慢心**が生んだミスだった。

13 将来は**漫画**家になりたい。

14 **絶妙**のタイミングで登場する。

15 祖父は九十歳で**永眠**した。

16 非難の**矛先**が自分に向けられた。

17 観葉植物に**霧**吹きで水をかける。

18 **孫娘**のランドセルを買う。

19 空き地に雑草が**茂**っている。

20 **勇猛**な戦士たちを率いる。

21 世界中に情報**網**を張りめぐらす。

22 **暗黙**のうちに自分の非を認める。

23 川面に広がる**波紋**が美しい。

24 売上高で飲料業界一位に**躍進**した。

25 広場に**英雄**の銅像が建てられた。

26 選挙は**与党**の圧勝に終わった。

27 海外生活にあこがれを**抱**く。

28 危険を**冒**して救助に向かう。

29 大そうじで**網戸**を張り替える。

すぐにチェック!!
練習問題②

書き取り

次の——線の**カタカナ**を**漢字**に直せ。

目標時間15分

月　日　／29

解答→別冊 P.16

1 子供が母親の足に**ダ**きつく。

2 南アルプスの**シュホウ**に登頂する。

3 高校から**ホウガン**投げを始めた。

4 **タボウ**な父は毎日深夜に帰宅する。

5 妹は泣き虫で甘えん**ボウ**だった。

6 手紙の**ボウトウ**で感謝を述べる。

7 事態の成り行きを**ボウカン**する。

8 毛糸で赤ちゃんの**ボウシ**を編む。

9 幼少期から**ヒボン**な才能を見せる。

10 **ボンチ**の夏はじめじめとして暑い。

11 昔の手柄を**ジマン**げに話す。

12 注意力が**サンマン**になっている。

13 難局を打開する**ミョウアン**がうかぶ。

14 物音に**アンミン**をさまたげられる。

15 証言は明らかに**ム**盾している。

16 心配事はすべて**ムサン**した。

17 **ムスメ**に料理の基本を教える。

18 湖に水草が繁**モ**する。

19 全国的に**モウショ**が続いている。

20 果樹園の周りを**カナアミ**で囲む。

21 部下からの報告を**モクサツ**する。

22 犯行現場から**シモン**を採取する。

23 芸術界でも若い力が**ヤクドウ**する。

24 太平洋の**ユウダイ**な景色を楽しむ。

25 市から感謝状が**ジュヨ**された。

26 毎日**イソガ**しく働いている。

27 いつの間にか**ネム**ってしまった。

28 高原で**アサギリ**の中を歩く。

29 人の話は**ダマ**って聞きなさい。

すぐにチェック!!
練習問題 ❸

同音・同訓異字

次の——線の**カタカナ**にあてはまる漢字をそれぞれの**ア〜オ**から**一つ**選び、**記号**を記せ。

目標時間 5 分

月　日　/9

解答 → 別冊 P.16

1 貧血でたおれた友人を介**ホウ**する。
2 日本各地の名**ホウ**に登る。
3 開会式で祝**ホウ**を打ち上げる。
（**ア** 峰　**イ** 訪　**ウ** 砲　**エ** 抱　**オ** 報）

4 おじは生来の風来**ボウ**だ。
5 流行性感**ボウ**にかかった。
6 **ボウ**若無人な態度に腹を立てる。
（**ア** 忙　**イ** 冒　**ウ** 坊　**エ** 肪　**オ** 傍）

7 **ム**盾をつかれて返答につまる。
8 沿岸部に濃**ム**注意報が出された。
9 勤**ム**時間内に仕事を終わらせる。
（**ア** 矛　**イ** 無　**ウ** 夢　**エ** 務　**オ** 霧）

すぐにチェック!!
練習問題 ❹

部首

次の漢字の**部首**を**ア〜エ**から**一つ**選び、**記号に○**をせよ。

目標時間 6 分

月　日　/12

解答 → 別冊 P.16

1 砲（ア 勹　イ 己　ウ 石　エ 包）
2 冒（ア 曰　イ 目　ウ 口　エ 囗）
3 帽（ア 曰　イ 巾　ウ 目　エ 口）
4 凡（ア 几　イ 乚　ウ ノ　エ 丶）
5 盆（ア 八　イ 刀　ウ 人　エ 皿）
6 矛（ア 矛　イ 亅　ウ ノ　エ 丶）
7 霧（ア 夂　イ 力　ウ ⻗　エ 矛）
8 茂（ア 戈　イ 弋　ウ 艹　エ ノ）
9 猛（ア 子　イ 皿　ウ 犭　エ 罒）
10 黙（ア 黒　イ 里　ウ 灬　エ 犬）
11 雄（ア 厶　イ 十　ウ 隹　エ ノ）
12 与（ア 一　イ 勹　ウ 弓　エ 二）

4級配当漢字表 12

見出し	漢字	画数	音	訓	部首	部首名	用例
ヨ	誉	13	ヨ	ほま(れ)	言	げん	名誉《めいよ》・栄誉《えいよ》 誉《ほま》れが高《たか》い
	溶	13	ヨウ	と(ける)・と(かす)・と(く)	氵	さんずい	溶液《ようえき》・溶解《ようかい》 溶《と》く・溶《と》ける
	腰	13	ヨウ(高)	こし	月	にくづき	本腰《ほんごし》 弱腰《よわごし》
	踊	14	ヨウ	おど(る)・おど(り)	𧾷	あしへん	舞踊《ぶよう》・踊《おど》り子《こ》 盆踊《ぼんおど》り
	謡	16	ヨウ	うたい(高)・うた(う)(高)	言	ごんべん	謡曲《ようきょく》・民謡《みんよう》 歌謡《かよう》・童謡《どうよう》
	翼	17	ヨク	つばさ	羽	はね	尾翼《びよく》・主翼《しゅよく》 翼《つばさ》を広《ひろ》げる
ラ	雷	13	ライ	かみなり	雨	あめかんむり	落雷《らくらい》・雷雨《らいう》 春雷《しゅんらい》・雷《かみなり》
	頼	16	ライ	たの(む)・たの(もしい)・たよ(る)	頁	おおがい	信頼《しんらい》・依頼《いらい》 頼《たよ》り・頼《たの》む
	絡	12	ラク	から(む)(高)・から(める)(高)・から(まる)(高)	糸	いとへん	脈絡《みゃくらく》・連絡《れんらく》 短絡《たんらく》
	欄	20	ラン		木	きへん	欄外《らんがい》・欄干《らんかん》 空欄《くうらん》・投書欄《とうしょらん》
リ	離	18	リ	はな(れる)・はな(す)	隹	ふるとり	離陸《りりく》・分離《ぶんり》 離脱《りだつ》・離《はな》す
	粒	11	リュウ	つぶ	米	こめへん	粒子《りゅうし》・粒状《つぶじょう・りゅうじょう》 米粒《こめつぶ》・豆粒《まめつぶ》
	慮	15	リョ		心	こころ	遠慮《えんりょ》・配慮《はいりょ》 考慮《こうりょ》・熟慮《じゅくりょ》
	療	17	リョウ		疒	やまいだれ	療法《りょうほう》・療養《りょうよう》 医療《いりょう》・治療《ちりょう》
	隣	16	リン	とな(る)・となり	阝	こざとへん	隣人《りんじん》・隣接《りんせつ》 隣《となり》の家《いえ》
ル	涙	10	ルイ	なみだ	氵	さんずい	感涙《かんるい》・落涙《らくるい》 涙声《なみだごえ》
レ	隷	16	レイ		隶	れいづくり	奴隷《どれい》・隷属《れいぞく》 隷書《れいしょ》
	齢	17	レイ		歯	はへん	年齢《ねんれい》・高齢《こうれい》 老齢《ろうれい》・妙齢《みょうれい》
	麗	19	レイ	うるわ(しい)(高)	鹿	しか	麗人《れいじん》・麗筆《れいひつ》 秀麗《しゅうれい》・美麗《びれい》
	暦	14	レキ	こよみ	日	ひ	旧暦《きゅうれき》・西暦《せいれき》 暦《こよみ》をめくる
	劣	6	レツ	おと(る)	力	ちから	優劣《ゆうれつ》・劣等感《れっとうかん》 劣《おと》る・見劣《みおと》り
	烈	10	レツ		灬	れんが・れっか	強烈《きょうれつ》・熱烈《ねつれつ》 烈火《れっか》・鮮烈《せんれつ》
	恋	10	レン	こ(う)・こい・こい(しい)	心	こころ	悲恋《ひれん》・恋愛《れんあい》 恋人《こいびと》・恋《こい》しい
ロ	露	21	ロ・ロウ	つゆ	雨	あめかんむり	露出《ろしゅつ》・露骨《ろこつ》 甘露煮《かんろに》・朝露《あさつゆ》
	郎	9	ロウ		阝	おおざと	新郎《しんろう》・郎党《ろうとう》 野郎《やろう》
ワ	惑	12	ワク	まど(う)	心	こころ	惑星《わくせい》・迷惑《めいわく》 戸惑《とまど》う
	腕	12	ワン	うで	月	にくづき	手腕《しゅわん》・腕力《わんりょく》 腕《うで》・腕前《うでまえ》

すぐにチェック!!
練習問題 1

読み

次の――線の**漢字の読み**を**ひらがな**で記せ。

目標時間 15分

月 日 / 29

解答 → 別冊 P.17

1 数多くの**名誉**ある賞を受賞した。

2 配管の**溶接**工事を行う。

3 受験勉強に**本腰**を入れる。

4 音楽に合わせてワルツを**踊**る。

5 新年の**謡曲**会に参加する。

6 **主翼**のエンジンを始動させる。

7 近くに**雷**が落ちたようだ。

8 部下を**信頼**して仕事を任せる。

9 **脈絡**のない話が続いた。

10 **空欄**に答えを記入する。

11 親元を**離**れて一人で暮らす。

12 画像の**粒子**が粗《あら》い。

13 **遠慮**がちにドアをノックする。

14 静かな環境で**療養**する。

15 **近隣**住民とトラブルになる。

16 退職金はすずめの**涙**ほどの金額だ。

17 人間を奴**隷**として売買していた。

18 **樹齢**五百年の大木がある。

19 書家の**流麗**な文字に感嘆する。

20 **旧暦**の七月七日に七夕祭りを行う。

21 味方チームが**劣勢**に立たされる。

22 大統領を**熱烈**に支持する。

23 幼い子が母を**恋**いしたう。

24 大自然の中で**露天**ぶろを楽しむ。

25 一族**郎党**がみなほろぼされた。

26 日々変わる指示に**困惑**する。

27 料理の**腕前**が上がる。

28 旅行中の留守番を**頼**む。

29 **隣**の街へ買い物にいく。

すぐにチェック!!
練習問題❷

書き取り

次の——線の**カタカナ**を**漢字**に直せ。

目標時間15分

月 日 /29

解答 → 別冊 P.17

1 名君の**ホマ**れ高い国王だった。
2 **ヨウエキ**にリトマス紙をひたす。
3 重い物を持って**コシ**を悪くした。
4 日本舞**ヨウ**を習っている。
5 子供たちと**ドウヨウ**を歌う。
6 **ツバサ**を広げて大空を飛ぶ。
7 夜から激しい**ライウ**になった。
8 親に**タヨ**ってばかりいる。
9 同級生と**レンラク**を取り合う。
10 橋の**ランカン**から川の流れを見る。
11 長い悪政は民心の**リハン**を招いた。
12 **コメツブ**がつやつやと光る。
13 天候を**コウリョ**して早めに下山する。

14 年々国民**イリョウ**費が増えている。
15 **トナ**り合った二部屋を借りる。
16 息子の卒業式で**カンルイ**にむせぶ。
17 親会社に**レイゾク**している。
18 電車内で**コウレイ**者に席をゆずる。
19 映画で男装の**レイジン**を演じる。
20 朝に**コヨミ**をめくるのが日課だ。
21 二人の能力に**ユウレツ**はない。
22 父は**レッカ**のごとく怒った。
23 **ヒレン**の物語に夢中になる。
24 そまつな小屋で**アメツユ**をしのぐ。
25 **シンロウ**新婦が登場した。
26 親には**メイワク**ばかりかけた。
27 ダンベルで**ワンリョク**をきたえる。
28 牛乳に砂糖を**ト**かして飲む。
29 予想外の展開に**トマド**う。

すぐにチェック!!
練習問題③

同音・同訓異字

次の――線の**カタカナ**にあてはまる漢字をそれぞれの**ア〜オ**から**一つ**選び、**記号**を記せ。

目標時間 5 分

月　日　／9

解答 → 別冊 P.17

1 塩化ナトリウム水**ヨウ**液を作る。

2 若手による舞**ヨウ**公演が行われた。

3 英語でイギリス民**ヨウ**を歌う。

（**ア** 謡　**イ** 踊　**ウ** 溶　**エ** 要　**オ** 幼）

4 その光景が脳**リ**に焼きつく。

5 下水の油を分**リ**して回収する。

6 **リ**己的な考え方を改める。

（**ア** 利　**イ** 離　**ウ** 裏　**エ** 理　**オ** 里）

7 **レイ**書体で印鑑を作る。

8 美しく年**レイ**を重ねていきたい。

9 姉は容姿端**レイ**だ。

（**ア** 冷　**イ** 礼　**ウ** 麗　**エ** 齢　**オ** 隷）

すぐにチェック!!
練習問題④

部首

次の漢字の**部首**を**ア〜エ**から**一つ**選び、**記号に○**をせよ。

目標時間 6 分

月　日　／12

解答 → 別冊 P.17

1 誉（ア ⺍　イ 八　ウ 口　エ 言）

2 翼（ア 田　イ 羽　ウ 二　エ 八）

3 離（ア 亠　イ 隹　ウ 厶　エ 冂）

4 粒（ア 亠　イ 木　ウ 米　エ 立）

5 慮（ア 广　イ 虍　ウ 心　エ 田）

6 療（ア 疒　イ 大　ウ 小　エ 日）

7 隷（ア 隶　イ 示　ウ 士　エ 氺）

8 麗（ア 一　イ 匕　ウ 鹿　エ 广）

9 劣（ア 小　イ ノ　ウ 少　エ 力）

10 烈（ア 灬　イ 一　ウ 刂　エ 歹）

11 恋（ア 亅　イ 丶　ウ 心　エ 亠）

12 惑（ア 心　イ 戈　ウ 口　エ 弋）

まとめテスト 3

すぐにチェック!! 練習問題①

漢字と送りがな

次の――線の**カタカナを漢字一字と送りがな(ひらがな)**に直せ。

目標時間 5 分　月　日　/10

解答→別冊 P.18

1 ひどい頭痛に**ナヤマサレル**。
2 細かい文字を見て目が**ツカレル**。
3 少年が満面の笑みを**ウカベル**。
4 ミカンを食べきれず**クサラセル**。
5 森の中でカブトムシを**ツカマエル**。
6 大きな荷物を**カカエル**。
7 決算期はどこの会社も**イソガシイ**。
8 **タノモシイ**若手社員が入社した。
9 船が岸から**ハナレル**。
10 まだ母親が**コイシイ**年ごろだ。

すぐにチェック!! 練習問題②

対義語・類義語

次の□の**ひらがな**を**対義語**(↕)、**類義語**(‖)になるよう**漢字**を**一字**記せ。

目標時間 7 分　月　日　/14

解答→別冊 P.18

1 技量 ‖ □《うで》前
2 思案 ‖ 考□《りょ》
3 冒頭 ↕ 末□《び》
4 土台 ‖ 基□《ばん》
5 厳冬 ↕ □《もう》暑
6 周辺 ‖ 近□《りん》
7 簡略 ↕ □《はん》雑

8 筋道 ‖ 脈□《らく》
9 手本 ‖ 模□《はん》
10 優良 ↕ □《れつ》悪
11 航行 ↕ 停□《はく》
12 功績 ‖ 手□《がら》
13 直面 ↕ 回□《ひ》
14 閉口 ‖ 困□《わく》

すぐにチェック!!
練習問題❸

誤字訂正

次の各文にまちがって使われている**同じ読みの漢字が一字**ある。**上に誤字を、下に正しい漢字**を記せ。

目標時間 3 分

月　日　/6

解答 → 別冊 P.18

1 緑豊かな自然公園の中に作られた遊舗道を散策しながら花や小鳥をながめる。

2 交通の便がよい隣町へ転居することとなり、業者に新居への荷物の般入をお願いする。

3 花火の音を怖がって飛び出した犬が、警察に捕護されて無事に飼い主の元へ帰った。

4 幼いころに家族旅行で訪れた、北海道の夏の情景が悩裏に焼きついている。

5 それぞれの専門分野の知識を生かして海外で活躍する教え子たちから頼りが届く。

6 浜辺や水平線、海の生物、漁船など海の風景をテーマにした展欄会が計画された。

すぐにチェック!!
練習問題❹

四字熟語

次の□の**カタカナ**に従って、**漢字を一字**記せ。

目標時間 7 分

月　日　/14

解答 → 別冊 P.18

1 □《ハク》利多売

2 力戦奮□《トウ》

3 思□《リョ》分別

4 信賞必□《バツ》

5 五里□《ム》中

6 □《リ》合集散

7 美辞□《レイ》句

8 付和□《ライ》同

9 率先垂□《ハン》

10 危機一□《パツ》

11 注意散□《マン》

12 □《ホウ》腹絶倒

13 金城鉄□《ペキ》

14 人跡未□《トウ》

第2章

実力チェック!! 本試験型テスト

合格は140点以上。
まちがえたところは
別冊の解答・解説で
しっかり復習しよう!

実力チェック!!

本試験型テスト 第1回

140点以上で合格！

制限時間 60分

月　日

/200

解答→別冊 P.20

一

次の——線の**漢字の読み**を**ひらがな**で記せ。

/30　1点×30問

1 大学で**幾何**学を学ぶ。

2 体育の時間に**握力**を測った。

3 全国大会優勝という**偉業**を成し遂《と》げた。

4 **趣向**をこらした演出だ。

5 **薪炭**の需要は減少した。

6 みかんの**濃縮**ジュースを飲む。

7 **当惑**した顔をしている。

8 本音を**吐露**する。

9 品質向上に**寄与**する。

10 山奥でイノシシを**捕獲**する。

11 厳かに**儀式**を執り行う。

12 **縁**は異なもの味なもの。

13 健康のために**玄米**を食べている。

二

次の——線の**カタカナ**にあてはまる漢字をそれぞれの**ア～オ**から**一つ**選び、**記号**を記せ。

/30　2点×15問

1 大きな一**ケン**家に住んでいる。

2 志望校の合格**ケン**内に入った。

3 短**ケン**を腰に差している。

（ア 件　イ 券　ウ 剣　エ 軒　オ 圏）

4 間違いを指**テキ**する。

5 病院で点**テキ**を受ける。

6 状況にうまく**テキ**応する能力がある。

（ア 摘　イ 滴　ウ 適　エ 敵　オ 的）

14 テストの前日に**鉛筆**をけずる。

15 相場は**天井**知らずの値上がりだ。

16 選手の士気を**鼓舞**する。

17 帰省の土産は**和菓子**に決めた。

18 **乾杯**の音頭を部長に頼む。

19 **雌雄**を決する日がやってきた。

20 急な**斜面**をすべり落ちる。

21 **繰**り返し練習する。

22 お巡りさんに道を**尋**ねる。

23 **隠**しごとはやめよう。

24 **汗**かきは父ゆずりだ。

25 遠慮するには**及**ばない。

26 旅の無事を**祈**る。

27 アサガオの花が**咲**き始めた。

28 庭の**芝刈**りをする。

29 あまりの暑さで**眠**れない。

30 **意気地**なしとは言わせない。

---

7 お**ヒ**岸に墓参りに行く。

8 **ヒ**労回復に時間がかかる。

9 空き巣の**ヒ**害が多発している。

（ア 被　イ 疲　ウ 非　エ 避　オ 彼）

10 奴**レイ**解放を宣言する。

11 高**レイ**者向けのサービスが始まる。

12 容姿端**レイ**な女性に会った。

（ア 礼　イ 麗　ウ 令　エ 隷　オ 齢）

13 新鮮で**ス**んだ空気を吸う。

14 買い物を**ス**ませて家に帰る。

15 将来は海外に**ス**みたい。

（ア 済　イ 澄　ウ 透　エ 住　オ 過）

三

1〜5の三つの□に**共通する漢字**を入れて熟語を作れ。漢字は**ア〜コ**から**一つ**選び、**記号**を記せ。

/10
2点×5問

1 □腕・鋭□・□感（　　）

2 淡□・停□・外□（　　）

3 □命傷・一□・招□（　　）

4 □点・□流・混□（　　）

5 □音・狂□・物□（　　）

ア 倒　イ 精　ウ 暴　エ 濁　オ 敏
カ 拍　キ 泊　ク 騒　ケ 汚　コ 致

五

次の漢字の**部首**を**ア〜エ**から**一つ**選び、**記号**を記せ。

/10
1点×10問

1 威 ［ア 厂　イ 戈　ウ 丶　エ 女］（　　）

2 荒 ［ア 艹　イ 儿　ウ 匚　エ ノ］（　　）

3 寂 ［ア 又　イ 示　ウ 宀　エ 小］（　　）

4 襲 ［ア 立　イ 衣　ウ 亠　エ 月］（　　）

5 獣 ［ア 口　イ ⺍　ウ 犬　エ 田］（　　）

6 瞬 ［ア 爫　イ 夕　ウ 舛　エ 目］（　　）

7 唐 ［ア 口　イ 广　ウ 亠　エ 丨］（　　）

8 幹 ［ア 十　イ 入　ウ 干　エ 日］（　　）

9 歳 ［ア 止　イ 示　ウ 戈　エ 弋］（　　）

10 寺 ［ア 土　イ 寸　ウ 丶　エ 十］（　　）

四

熟語の構成のしかたには次のようなものがある。

ア 同じような意味の漢字を重ねたもの（永久）
イ 反対または対応の意味を表す字を重ねたもの（苦楽）
ウ 上の字が下の字を修飾しているもの（美人）
エ 下の字が上の字の目的語・補語になっているもの（点火）
オ 上の字が下の字の意味を打ち消しているもの（不足）

次の熟語は右の**ア～オ**のどれにあたるか、**一つ**選び、**記号**を記せ。

/20
2点×10問

1 製菓（　　）
2 微細（　　）
3 詳述（　　）
4 非情（　　）
5 離合（　　）

6 脱皮（　　）
7 繁栄（　　）
8 販売（　　）
9 即決（　　）
10 授受（　　）

六

後の□内のひらがなを漢字に直して□に入れ、**対義語・類義語**を作れ。□内のひらがなは一度だけ使い、**一字記入**せよ。

/20
2点×10問

対義語

1 自立―依□
2 容易―□難
3 利益―損□
4 逃亡―追□
5 加熱―冷□

類義語

6 看病―介□
7 互角―対□
8 素直―柔□
9 上品―優□
10 推理―□測

おく　が　きゃく　ご　こん
しつ　じゅん　せき　ぞん　とう

七

次の――線の**カタカナ**を**漢字一字**と**送りがな（ひらがな）**に直せ。

〔例〕家を**タテル** ➡ 建てる

1 **ココロヨイ**返事をもらう。

2 姉は**ホガラカナ**性格だ。

3 歩いて国境を**コエル**。

4 **クルオシイ**ほど人を愛する。

5 親の**イマシメ**を守る。

／10

2点×5問

八

文中の**四字熟語**の――線の**カタカナ**を**漢字**に直し、**一字記入**せよ。

1 今年は**心キ一転**して勉強にはげむ。

2 父の考えは**イ心伝心**でわかる。

3 **理ロ整然**とした話し方だ。

4 **環境保ゼン**についての討論を行う。

5 老後は**晴コウ雨読**の生活を送る。

／20

2点×10問

十

次の――線の**カタカナ**を**漢字**に直せ。

1 何にでも興味をもち**シヤ**を広げる。

2 罪状を**ヒニン**する。

3 日本人に**アイショウ**されている歌だ。

4 **キチョウ**品をフロントに預ける。

5 大きく**シンコキュウ**する。

6 **ゾウキ**を移植する手術をする。

7 **ザッシ**の編集をしている。

8 **シュウショク**活動を始めた。

9 食品**テンカ**物に注意している。

10 巻末の著者**ショウカイ**を読む。

／40

2点×20問

6 起**ショウ**転結のある文章を書く。

7 会ってすぐに意気**トウ**合した。

8 前**ト**有望な若者たちと出会う。

9 悪戦苦**トウ**の末勝利した。

10 昼夜**ケン**行で作業する。

九

次の各文にまちがって使われている**同じ読みの漢字**が**一字**ある。**上に誤字**を、**下に正しい漢字**を記せ。

/10
2点×5問

1 最近の傾向では、間略化した個性的な結婚式が多い。

2 商品の在庫の有無を昭会するために、急いで問屋に電話をかけた。

3 原作と同じように復製した絵画が劇場の壁に飾られている。

4 駅から美術館までは遊舗道で結ばれ、道端には花が植えてある。

5 社会の発展に尽くした攻績をたたえ、県知事が賞状を授与する。

11 海からの**シオカゼ**が心地よい。

12 **マズ**しくとも清い心をもつ。

13 遅刻の**ワケ**を言いなさい。

14 相手の様子を**サグ**る。

15 頭が**イタ**いので薬を飲んだ。

16 焼き**イモ**は冬の風物詩だ。

17 遊園地で**マイゴ**になる。

18 **キヌ**のスカーフを首に巻く。

19 目標に向け段階を**フ**み努力する。

20 見事に**オウギ**の的を射る。

実力チェック!!

本試験型テスト

第2回

140点以上で合格!

制限時間 60分

月　日

/200

解答→別冊 P.22

一

次の——線の**漢字の読み**を**ひらがな**で記せ。

/30

1点×30問

1 不当な扱いに**怒髪**天をつく。（　　　）

2 これまでの**経緯**を説明する。（　　　）

3 橋の**欄干**は雪をかぶっていた。（　　　）

4 **越境**入学を許可する。（　　　）

5 冷夏のため今年は**凶作**だ。（　　　）

6 プロに**匹敵**する料理の腕前だ。（　　　）

7 **恋愛**映画をみに行く。（　　　）

8 地球の**征服**をたくらむ。（　　　）

9 **含蓄**のある話を聞く。（　　　）

10 うなぎを**養殖**する。（　　　）

11 十月**中旬**に東京に行く予定だ。（　　　）

12 堤防が決壊し、床下**浸水**する。（　　　）

13 **俗悪**なテレビ番組は見ない。（　　　）

二

次の——線の**カタカナ**にあてはまる漢字をそれぞれの**ア～オ**から**一つ**選び、**記号**を記せ。

/30

2点×15問

1 場内から**カン**声が聞こえる。

2 **カン**視の目を光らせる。

3 図**カン**を見て虫の名前を調べる。

（ア 感　イ 勧　ウ 監　エ 鑑　オ 歓）

1	2	3

4 姉は新進気**エイ**の芸術家だ。

5 事故の**エイ**響でダイヤが乱れる。

6 消費者の意見を商品に反**エイ**する。

（ア 影　イ 鋭　ウ 栄　エ 英　オ 映）

4	5	6

14 りんごをみがいて**光沢**を出す。

15 **透明**感のある歌声だ。

16 **年輩**の方が多数出席していた。

17 道徳**規範**に従って行動する。

18 飛行機の**尾翼**が破損した。

19 食べ物が**腐敗**する。

20 調査対象を**無作為**に選び出す。

21 **汚**れた服をきれいに洗う。

22 お茶菓子に**芋**ようかんを出す。

23 助けを求めて大声で**叫**ぶ。

24 約束の時間に**遅**れる。

25 この家には**畳**の部屋がない。

26 母に**悩**みを打ち明ける。

27 動物との交流を**描**いた小説を読む。

28 我が家の**隣**は花屋だ。

29 **暦**の上ではもう春だがまだ寒く感じる。

30 **小豆**を煮てぜんざいを作る。

7 **タン**整な顔立ちをしている。

8 冷**タン**な態度に腹を立てる。

9 **タン**精を込めてバラを育てる。

（ア 丹　イ 嘆　ウ 淡　エ 端　オ 担）

10 脂**ボウ**分のとりすぎに注意する。

11 多**ボウ**な毎日を送っている。

12 争いをただ**ボウ**観していた。

（ア 傍　イ 棒　ウ 肪　エ 望　オ 忙）

13 努めて明るく**フ**る舞う。

14 すれちがう時に肩が**フ**れた。

15 風に**フ**かれて旗がゆれている。

（ア 振　イ 踏　ウ 降　エ 吹　オ 触）

三

1～5の三つの□に**共通する漢字**を入れて熟語を作れ。漢字は**ア～コ**から**一つ**選び、**記号**を記せ。

/10　2点×5問

1　□才・数□・□抜（　）

2　□烈・□暑・勇□（　）

3　運□・□送・□出（　）

4　□難・回□・□雷針（　）

5　□業・□人・□大（　）

ア 維	イ 鬼	ウ 猛	エ 鮮	オ 搬
カ 般	キ 非	ク 偉	ケ 避	コ 奇

五

次の漢字の**部首**を**ア～エ**から**一つ**選び、**記号**を記せ。

/10　1点×10問

1　峠〔ア 山　イ 丶　ウ 一　エ 丨〕（　）

2　稲〔ア ⺤　イ 日　ウ ノ　エ 禾〕（　）

3　曇〔ア ⻗　イ 日　ウ ム　エ 二〕（　）

4　惑〔ア 口　イ 戈　ウ 心　エ 弋〕（　）

5　盗〔ア 皿　イ 冫　ウ 欠　エ 罒〕（　）

6　憲〔ア 宀　イ 心　ウ 罒　エ 土〕（　）

7　雅〔ア 牙　イ 寸　ウ 隹　エ ノ〕（　）

8　尋〔ア 工　イ 寸　ウ 口　エ 丶〕（　）

9　申〔ア 田　イ 丨　ウ 日　エ 口〕（　）

10　器〔ア 大　イ 人　ウ 一　エ 口〕（　）

四

熟語の構成のしかたには次のようなものがある。

ア 同じような意味の漢字を重ねたもの（永久）
イ 反対または対応の意味を表す字を重ねたもの（苦楽）
ウ 上の字が下の字を修飾しているもの（美人）
エ 下の字が上の字の目的語・補語になっているもの（点火）
オ 上の字が下の字の意味を打ち消しているもの（不足）

次の熟語は右の**ア**〜**オ**のどれにあたるか、**一つ**選び、**記号**を記せ。

／20　2点×10問

1 恐怖（　）
2 黙読（　）
3 贈答（　）
4 援助（　）
5 耐震（　）
6 需給（　）
7 握手（　）
8 露見（　）
9 跳躍（　）
10 不眠（　）

六

後の□内のひらがなを漢字に直して□に入れ、**対義語・類義語**を作れ。□内のひらがなは一度だけ使い、**一字記入**せよ。

／20　2点×10問

対義語

1 故意―□失
2 希薄―濃□
3 厳冬―□夏
4 守備―□撃
5 優良―□悪

類義語

6 合図―□号
7 不意―突□
8 機構―組□
9 有数―□指
10 用心―警□

か　かい　くっ　こう　しき
しん　せい　ぜん　みつ　れつ

七

次の――線の**カタカナ**を**漢字一字**と**送りがな(ひらがな)**に直せ。

2点×5問　/10

[例]　家を**タテル** ⬇ 建てる

1 ご意見を**ウケタマワリ**たい。

2 この分では卒業が**アヤブマ**れる。

3 使っていた自転車が**コワレル**。

4 **オソロシイ**事件が起こった。

5 転校したばかりで戸**マドウ**ことが多い。

八

文中の**四字熟語**の――線の**カタカナ**を**漢字**に直し、**一字記入**せよ。

2点×10問　/20

1 **適ザイ適所**で役割を分担する。

2 **人事不セイ**の重傷を負った。

3 **平身低トウ**して謝る。

4 **二束三モン**に買いたたかれた。

5 何を言われても**馬ジ東風**と聞き流す。

十

次の――線の**カタカナ**を**漢字**に直せ。

2点×20問　/40

1 心を込めて**カンゴ**する。

2 **ウチュウ**では重力がない。

3 **サッソク**本題に入った。

4 できるかぎり**セイジツ**に対応する。

5 会の**ソンゾク**は不可能になった。

6 女王**ヘイカ**にお目にかかる。

7 **カジョウ**書きにして表す。

8 犯人を**ビコウ**する。

9 母は研究所に**キンム**している。

10 劇薬は**シンチョウ**に取り扱う。

6 私リ私欲に目がくらみ、道を誤る。

7 ソウ意工夫にあふれる作品だ。

8 チン思黙考の末、結論を出す。

9 受賞の知らせを聞き、狂喜乱ブした。

10 縦横無ジンな活躍を見せる。

九

次の各文にまちがって使われている**同じ読みの漢字**が**一字**ある。**上に誤字**を、**下に正しい漢字**を記せ。

10（2点×5問）

1 公共団体が専門委員会に交通状況に関する調査を依頼した。

2 隠居してから、半生を表した自分史を自費出版する人が増えている。

3 厳しい比評で有名な評論家が、珍しく好意的な記事を載せていた。

4 生活習慣を全面的に皆善しないので、強制的に入院させた。

5 市の職員が市の体育館使用料を横療するという事件があった。

---

11 川のミナモトを探し求める。

12 目上の人をウヤマう。

13 人ナみ外れて力の強い選手だ。

14 毛糸の手ぶくろをアむ。

15 先月会社をヤめた。

16 もめごとをサバく。

17 スリの現行犯をツカまえた。

18 今朝はかなり冷えコんだ。

19 カブシキ会社を設立する。

20 親友を学級委員長にオした。

実力チェック!!

本試験型テスト 第3回

140点以上で合格！

制限時間 60分

月　日

/200

解答→別冊 P.24

一

次の——線の**漢字の読み**を**ひらがな**で記せ。

/30　1点×30問

1 ひときわ**異彩**を放つ絵がある。

2 **連載**小説を愛読している。

3 天然の**香料**を使ったオイルだ。

4 世界を**舞台**に活躍する役者に取材した。

5 天下をとり、**本望**をとげる。

6 天然のうなぎの**漁獲**量は少ない。

7 ジェット機がガスを**噴射**する。

8 今は仕事の**繁忙**期だ。

9 容姿**端麗**で成績も優秀だ。

10 天井が低いと**圧迫**感がある。

11 **扇子**は外国土産に最適だ。

12 海の**汚染**により魚が激減した。

13 モナリザは**不朽**の名作だ。

二

次の——線の**カタカナ**にあてはまる漢字をそれぞれの**ア～オ**から**一つ**選び、**記号**を記せ。

/30　2点×15問

1 **エン**起をかつぐ。

2 授業時間を**エン**長する。

3 健康のため禁**エン**する。

（ア 延　イ 鉛　ウ 縁　エ 煙　オ 沿）

4 結果は**カイ**目見当がつかない。

5 宗教の**カイ**律を守る。

6 地震で家屋が全**カイ**する。

（ア 介　イ 戒　ウ 皆　エ 壊　オ 灰）

14 環境の変化で森林が枯死する。
15 恒久の平和を願う。
16 チタンは軽量で弾力性に富む。
17 盗難の被害届けを交番に出す。
18 名作を読んで感涙にむせぶ。
19 不況の波をかぶり閉店する。
20 救命胴衣のつけ方を習う。
21 弟の目の輝きは人とは違う。
22 取り扱いには注意を要する。
23 真理を究める。
24 誕生日の贈り物を選ぶ。
25 寂れた旅館に泊まる。
26 休日は専ら庭いじりをする。
27 屋根が少し傾いている。
28 鳥かごから小鳥が逃げた。
29 高温で鉛を溶かす。
30 三味線に合わせて踊る。

7 その建物は占キヨされた。
8 キヨ額の資金を投入する。
9 大臣のキヨ就に注目が集まる。
（ア 許　イ 拠　ウ 巨　エ 居　オ 去）

10 名シを両手で受け取る。
11 論文の主シを理解する。
12 真夏のシ外線には要注意だ。
（ア 紙　イ 旨　ウ 視　エ 紫　オ 刺）

13 心をウつ物語だ。
14 山中で鳥をウち落とす。
15 かたきウちを果たす。
（ア 撃　イ 打　ウ 得　エ 討　オ 浮）

三

1～5の三つの□に**共通する漢字**を入れて熟語を作れ。漢字は**ア～コ**から**一つ**選び、**記号**を記せ。

／10　2点×5問

1　□和・優□・□道　（　　）

2　□気・日□・□影　（　　）

3　知□・天□・恩□　（　　）

4　□婚・距□・□陸　（　　）

5　微□子・□状・米□　（　　）

ア 陰　イ 陽　ウ 恵　エ 徳　オ 離
カ 結　キ 粒　ク 柔　ケ 稲　コ 雅

五

次の漢字の**部首**を**ア～エ**から**一つ**選び、**記号**を記せ。

／10　1点×10問

1　壱　〔ア 士　イ 冖　ウ 匕　エ 十〕　（　　）

2　暇　〔ア 又　イ 日　ウ 口　エ 丨〕　（　　）

3　戯　〔ア 虍　イ 戈　ウ 丶　エ 丿〕　（　　）

4　途　〔ア 辶　イ 入　ウ 示　エ 丿〕　（　　）

5　奥　〔ア 冂　イ 米　ウ 大　エ 口〕　（　　）

6　御　〔ア 缶　イ 彳　ウ 卩　エ 止〕　（　　）

7　較　〔ア 日　イ 丶　ウ 車　エ 亠〕　（　　）

8　冬　〔ア 又　イ 冫　ウ 丿　エ 夂〕　（　　）

9　丹　〔ア 丶　イ 一　ウ 亅　エ 冂〕　（　　）

10　卒　〔ア 丨　イ 十　ウ 人　エ 亠〕　（　　）

四

熟語の構成のしかたには次のようなものがある。

ア 同じような意味の漢字を重ねたもの（永久）
イ 反対または対応の意味を表す字を重ねたもの（苦楽）
ウ 上の字が下の字を修飾しているもの（美人）
エ 下の字が上の字の目的語・補語になっているもの（点火）
オ 上の字が下の字の意味を打ち消しているもの（不足）

次の熟語は右の**ア～オ**のどれにあたるか、**一つ**選び、**記号**を記せ。

/20
2点×10問

1 汚職（　　）
2 濃淡（　　）
3 供与（　　）
4 清濁（　　）
5 予告（　　）
6 禁止（　　）
7 及落（　　）
8 非凡（　　）
9 珍味（　　）
10 仰天（　　）

六

後の□内のひらがなを漢字に直して□に入れ、**対義語・類義語**を作れ。□内のひらがなは一度だけ使い、**一字記入**せよ。

/20
2点×10問

対義語

1 沈殿―浮□
2 中央―□端
3 友情―□意
4 鈍重―□敏
5 断念―□着

類義語

6 偉大―□派
7 風潮―□行
8 語気―口□
9 気絶―□倒
10 貯蔵―備□

えい　しゅう　そっ　ちく　ちょう
てき　まっ　ゆう　りっ　りゅう

七

次の――線の**カタカナ**を**漢字一字**と**送りがな(ひらがな)**に直せ。

〔例〕 家を**タテル** ➡ 建てる

1 式が**オゴソカニ**執り行われる。

2 迷路から**タダチニ**脱出する。

3 寝る前に戸じまりを**タシカメル**。

4 冬は日が**カゲル**のが早い。

5 プレゼントに手紙を**ソエル**。

／10

2点×5問

八

文中の**四字熟語**の――線の**カタカナ**を**漢字**に直し、**一字記入**せよ。

1 **セイ**天白日の身になる。

2 舌先三**ズン**で言いくるめる。

3 **ム**我夢中で子どもを救助する。

4 牛**イン**馬食は健康によくない。

5 針小**ボウ**大な言い方をする人だ。

／20

2点×10問

十

次の――線の**カタカナ**を**漢字**に直せ。

1 飛行機を**ソウジュウ**する。

2 芸の道ひと筋に**ショウジン**する。

3 **アンピ**の確認をする。

4 **ケビョウ**を使い会社を休む。

5 会報を**カイラン**する。

6 **ユウビンキョク**で切手を買う。

7 貴重な文化**イサン**の保存に努める。

8 銀行員が**サツタバ**を数える。

9 満場**イッチ**で学級委員に選出された。

10 君の**コウイ**は許されることではない。

／40

2点×20問

6 あの男は私にとっての**ハン**面教師だ。

7 兄はその劇団の一枚**カン**板だ。

8 **キョウ**天動地な出来事だ。

9 優勝**レッ**敗はこの世の常である。

10 意志**ハク**弱な自分を嘆く。

九

次の各文にまちがって使われている**同じ読みの漢字**が**一字**ある。**上に誤字**を、**下に正しい漢字**を記せ。

/10 2点×5問

1 友人は意味慎長な表情を浮かべながら、その場を静かに立ち去った。

2 観客席の声援に後押しされ、悲願達成の逆点勝利を収めた。

3 才能があっても成功を逃す例は、どの世界でも毎挙にいとまがない。

4 その高校は髪型や服装を校則で決め、風規が乱れるのを防いでいる。

5 著名な演奏家を招き、市民に多様な芸術に触れる機会を提供する。

11 言うこととやることが**ウラハラ**だ。

12 子どもは社会の**タカラ**です。

13 勇気を**フル**い起こす。

14 **マクウチ**力士が土俵にあがった。

15 この音楽は心が**ナゴ**む。

16 **シグレ**が通り過ぎるのを待つ。

17 お弁当に**タマゴ**焼きを入れる。

18 問いに対する返事に**ツ**まる。

19 一人を**ノゾ**いて全員参加した。

20 大雨のせいで川が**ニゴ**っている。

実力チェック!!

本試験型テスト 第4回

140点以上で合格！

制限時間 60分

月　日

／200

解答→別冊 P.26

一

次の——線の**漢字の読み**を**ひらがな**で記せ。

／30

1点×30問

1 新たな市場を**開拓**する。

2 美しい**景色**をながめる。

3 小説を**脚色**する。

4 思いがけず優勝して**驚喜**する。

5 **縄文**時代の土器が見つかった。

6 **中堅**社員として活躍する。

7 **高慢**な鼻をへし折りたい。

8 **絶妙**なタイミングだった。

9 **首相**の演説を放送する。

10 **貸借**関係がはっきりしない。

11 言うことが**矛盾**している。

12 日焼けにより**皮膚**が荒れる。

13 **抜群**の成績で卒業する。

二

次の——線の**カタカナ**にあてはまる漢字をそれぞれの**ア〜オ**から**一つ**選び、**記号**を記せ。

／30

2点×15問

1 部品の**タイ**久性を調べる。

2 選手の交**タイ**を告げる。

3 部員には連**タイ**責任を問わない。

（ア 耐　イ 帯　ウ 隊　エ 態　オ 替）

4 今からでは**トウ**底、間にあわない。

5 他を圧**トウ**する強さだ。

6 敵に対し**トウ**志を燃やす。

（ア 倒　イ 統　ウ 闘　エ 投　オ 到）

14 諸般の事情を考慮する。

15 申し立ては却下された。

16 ビタミンを多く含有する食品を調べる。

17 海岸に砂丘が発達する。

18 豪快な投げ技で相手を下す。

19 試合は冒頭から荒れ模様だ。

20 布地の幾何学模様が美しい。

21 食物の蓄えは十分だ。

22 バッタが草の上で跳ねる。

23 機械の性能を試す。

24 地域の人が自治会館に集う。

25 今年で創立十周年を迎える。

26 昨日は霧雨が降った。

27 雑草が生い茂る。

28 ほおを桃色に染める。

29 話題の商品が目白押しだ。

30 昔の名残をとどめる。

7 薬品をヨウ解させる。

8 車内の暴力をヨウ認しない。

9 童ヨウは多くの人に歌い継がれている。

（ア 謡　イ 要　ウ 溶　エ 容　オ 踊）

10 防波テイでつりを楽しむ人がいる。

11 並大テイの努力では成功しない。

12 完成までの道テイを記録する。

（ア 停　イ 抵　ウ 堤　エ 程　オ 提）

13 思わずエみがこぼれる。

14 ライオンがエ物を食べる。

15 海外でエがたい経験をした。

（ア 会　イ 笑　ウ 恵　エ 獲　オ 得）

三

1〜5の三つの□に**共通する漢字**を入れて熟語を作れ。漢字は**ア〜コ**から**一つ**選び、**記号**を記せ。

/10　2点×5問

1 痛□・鮮□・□火 （　）

2 増□・養□・繁□ （　）

3 □関・□米・□武岩 （　）

4 告□・□状・起□ （　）

5 □示・□張・□大 （　）

ア 度　イ 拡　ウ 烈　エ 誇　オ 礼

カ 築　キ 殖　ク 玄　ケ 外　コ 訴

五

次の漢字の**部首**を**ア〜エ**から**一つ**選び、**記号**を記せ。

/10　1点×10問

1 慮 ［ア 田　イ 心　ウ 厂　エ 虍］ （　）

2 僧 ［ア 亻　イ 田　ウ 丨　エ 日］ （　）

3 甘 ［ア 一　イ 日　ウ 甘　エ 艹］ （　）

4 致 ［ア 夂　イ 至　ウ 厶　エ 土］ （　）

5 響 ［ア 音　イ 阝　ウ 日　エ 幺］ （　）

6 鼓 ［ア 支　イ 士　ウ 口　エ 鼓］ （　）

7 繰 ［ア 木　イ 糸　ウ 十　エ 口］ （　）

8 歴 ［ア 厂　イ 木　ウ ノ　エ 止］ （　）

9 薪 ［ア 艹　イ 斤　ウ 木　エ 立］ （　）

10 裏 ［ア 田　イ 亠　ウ 衣　エ 里］ （　）

四

熟語の構成のしかたには次のようなものがある。

ア 同じような意味の漢字を重ねたもの（永久）
イ 反対または対応の意味を表す字を重ねたもの（苦楽）
ウ 上の字が下の字を修飾しているもの（美人）
エ 下の字が上の字の目的語・補語になっているもの（点火）
オ 上の字が下の字の意味を打ち消しているもの（不足）

次の熟語は右の**ア～オ**のどれにあたるか、**一つ**選び、**記号**を記せ。

/20
2点×10問

1 敏速（　）
2 越冬（　）
3 是非（　）
4 即決（　）
5 陰陽（　）

6 不屈（　）
7 寄稿（　）
8 乾燥（　）
9 珍事（　）
10 着脱（　）

六

後の□内のひらがなを漢字に直して□に入れ、**対義語・類義語**を作れ。□内のひらがなは一度だけ使い、**一字記入**せよ。

/20
2点×10問

対義語

1 勝利―□北
2 反逆―帰□
3 永眠―□生
4 高雅―低□
5 濃縮―希□

類義語

6 外国―異□
7 達成―成□
8 伝道―□教
9 悲劇―□事
10 目的―趣□

きょう　さん　し　しゃく　じゅ
じゅん　ぞく　たん　はい　ふ

七

次の――線のカタカナを**漢字一字**と**送りがな(ひらがな)**に直せ。

10

2点×5問

［例］ 家を**タテル** ➡ 建てる

1 私には**オサナイ**妹がいる。

2 子宝を**サズカル**。

3 三人の子どもを**ヤシナウ**。

4 商店街はすっかり**サビレ**てしまった。

5 音楽に耳を**カタムケル**。

1	2	3	4	5

八

文中の**四字熟語**の――線の**カタカナ**を**漢字**に直し、**一字記入**せよ。

20

2点×10問

1 科学の世界は**日シン月歩**だ。

2 家庭菜園で**自キュウ自足**をめざす。

3 **一意セン心**、練習にはげむ。

4 **起シ回生**の一打を放つ。

5 **イ食同源**の思想から食生活を見直す。

1	2	3	4	5

十

次の――線の**カタカナ**を**漢字**に直せ。

40

2点×20問

1 友だちから**サッソク**返事が来た。

2 場内は**サッキ**立ったムードだ。

3 **カンケツ**な文章を書く。

4 君の主張は**キジョウ**の空論だ。

5 費用は両親が**フタン**した。

6 問題点を全員で**ケントウ**する。

7 学校で**トウハツ**検査が行われる。

8 **キオク**の断片をたどる。

9 **エンギ**物であるだるまを飾る。

10 子供にお**カシ**を買って帰る。

1	2	3	4	5	6	7	8	9	10

6 **三カン四温**の季節に北陸を訪れる。

7 **一病ソク災**で長生きする。

8 悪いことが重なり**疑心暗キ**になる。

9 **厚顔無チ**もはなはだしい。

10 **大気オ染**は人的災害である。

九

次の各文にまちがって使われている**同じ読みの漢字**が**一字**ある。**上に誤字**を、**下に正しい漢字**を記せ。

/10 2点×5問

1 お巡りさんが悪党の一身を捕まえ連行する現場に丁度居合わせた。

2 夕方から熱があり、食浴もないので、薬を飲んで早めに寝た。

3 入札にからむ汚職事件では接対や商品券の贈与が問題とされた。

4 相互の理解と発展に寄与し、友交を深めることを目的とする。

5 骨折で欠場を余義なくされていたが、ほぼ全治して復帰は間近だ。

11 評価に**アタイ**しない。

12 山の**イタダキ**に立つ。

13 自動車税を**オサ**める。

14 **カドマツ**を立てて新年を迎える。

15 せっかくの機会を**ボウ**に振る。

16 敵が背後から**セマ**る。

17 お札を**コゼニ**にくずす。

18 実名は**オオヤケ**にされない。

19 包丁の切れ味が鈍ったので**ト**いだ。

20 荷物をクロークに**アズ**ける。

実力チェック!!

本試験型テスト 第5回

140点以上で合格!

制限時間 60分

月　日

／200

解答→別冊 P.28

一

次の——線の**漢字の読み**を**ひらがな**で記せ。

1点×30問　／30

1 **軽率**な行動を反省する。（　　）
2 店内の**装飾**をプロに頼む。（　　）
3 大使館を民兵が**占拠**する。（　　）
4 **即戦力**となる人材を求める。（　　）
5 **恐怖**に身をかたくする。（　　）
6 健康**維持**のためにジムに通う。（　　）
7 **新郎**が黒のタキシードを着る。（　　）
8 **劣勢**をはね返す。（　　）
9 あまりにも**短絡**的な発想だ。（　　）
10 周囲の**爆笑**をさそう。（　　）
11 当時のことは**記憶**にない。（　　）
12 東北を舞台にした**戯曲**を読む。（　　）
13 ここが東西の**分岐**点だ。（　　）

二

次の——線の**カタカナ**にあてはまる漢字をそれぞれの**ア～オ**から**一つ**選び、**記号**を記せ。

2点×15問　／30

1 人間は知識と経験に**イ**存している。
2 父親としての**イ**厳を保つ。
3 不正行**イ**が発覚する。

（ア 威　イ 偉　ウ 依　エ 為　オ 緯）

4 **キ**気迫る光景だ。
5 思う存分実力を発**キ**する。
6 天神様に合格を**キ**願する。

（ア 貴　イ 揮　ウ 鬼　エ 祈　オ 危）

14 **桃源郷**のような美しい村を訪れた。

15 王の代わりに軍を**統御**する。

16 業界の**先駆**となる会社だ。

17 **遣唐使**として中国に渡る。

18 これは男女**兼用**のシャツだ。

19 アクセサリーの材料に合成**樹脂**を使う。

20 収入や支出を**項目**別に分類する。

21 作品を破壊され怒りに声を**震**わせる。

22 アパートからの立ち**退**きを迫られる。

23 仕事には差し**支**えなさそうだ。

24 子供会で**影絵**を楽しむ。

25 独裁者により国民は負担を**強**いられる。

26 自分の無知を**恥**じる。

27 川の底が**澄**んでよく見える。

28 友人と行く卒業旅行の準備を**調**える。

29 苦労の末金鉱を**掘**り当てる。

30 兄にはとても**太刀**打ちできない。

7 **シュ**向をこらした内容のある会だった。

8 **シュ**肉をつけたはんこを押す。

9 山奥の寺で**シュ**行する。

（ア 趣　イ 狩　ウ 修　エ 種　オ 朱）

10 光**イン**矢のごとし。

11 **イン**居してのんびりと暮らす。

12 大臣が**イン**責辞任の意向を固める。

（ア 印　イ 隠　ウ 音　エ 陰　オ 引）

13 苦しい練習に**タ**える。

14 店が閉まり人通りが**タ**える。

15 目標達成まで酒を**タ**つ。

（ア 断　イ 耐　ウ 裁　エ 絶　オ 建）

三

1～5の三つの□に**共通する漢字**を入れて熟語を作れ。漢字は**ア～コ**から**一つ**選び、**記号**を記せ。

／10

2点×5問

1 □党・関□・授□

2 体□・□点・賞□

3 家□・波□・指□

4 □突・□幕・□霧

5 右□・尾□・□賛

ア 与　イ 甘　ウ 紋　エ 贈　オ 称

カ 汚　キ 翼　ク 煙　ケ 罰　コ 唐

五

次の漢字の**部首**を**ア～エ**から**一つ**選び、**記号**を記せ。

／10

1点×10問

1 範 [ア ⺮　イ 㔾　ウ 車　エ 日]

2 越 [ア 戈　イ 土　ウ 走　エ 丶]

3 介 [ア 亅　イ 丿　ウ 丨　エ 𠆢]

4 芋 [ア 二　イ 艹　ウ 十　エ 亅]

5 鉛 [ア 八　イ 口　ウ 𠆢　エ 釒]

6 翼 [ア 羽　イ 田　ウ 冫　エ 八]

7 搬 [ア 殳　イ 舟　ウ 又　エ 扌]

8 詳 [ア 羊　イ 亠　ウ 言　エ 口]

9 音 [ア 立　イ 音　ウ 日　エ 亠]

10 刈 [ア 十　イ 刂　ウ 丿　エ 亅]

四

熟語の構成のしかたには次のようなものがある。

ア 同じような意味の漢字を重ねたもの（永久）
イ 反対または対応の意味を表す字を重ねたもの（苦楽）
ウ 上の字が下の字を修飾しているもの（美人）
エ 下の字が上の字の目的語・補語になっているもの（点火）
オ 上の字が下の字の意味を打ち消しているもの（不足）

次の熟語は右の**ア〜オ**のどれにあたるか、**一つ**選び、**記号**を記せ。

／20
2点×10問

1 援助（　　）
2 整髪（　　）
3 悲恋（　　）
4 栄枯（　　）
5 黙読（　　）

6 繁茂（　　）
7 避暑（　　）
8 未婚（　　）
9 利害（　　）
10 違法（　　）

六

後の□内のひらがなを漢字に直して□に入れ、**対義語・類義語**を作れ。□内のひらがなは一度だけ使い、**一字記入**せよ。

／20
2点×10問

対義語

1 深夜―□昼
2 全休―□勤
3 末節―根□
4 新鮮―□敗
5 正攻―奇□

類義語

6 作法―□儀
7 知己―親□
8 備蓄―貯□
9 栄光―名□
10 固守―□持

かい　かん　けん　しゅう　ぞう
はく　ふ　ゆう　よ　れい

七

次の――線の**カタカナ**を**漢字一字**と**送りがな（ひらがな）**に直せ。

2点×5問　／10

［例］　家を**タテル** ⬇ 建てる

1　事故の原因を**サグル**。

2　すずめがエサに**ムラガル**。

3　家に帰るとすぐに**ネムル**準備をした。

4　前例を**フマエ**て結論を出す。

5　期待で胸が**オドル**。

八

文中の**四字熟語**の――線の**カタカナ**を**漢字**に直し、**一字記入**せよ。

2点×10問　／20

1　**一挙両トク**の方法を思いつく。

2　事件は**急テン直下**、解決に向かう。

3　**無病息サイ**の一年で何よりだった。

4　**アッ口雑言**の限りを尽くす。

5　息子の**立身出セ**を願う。

十

次の――線の**カタカナ**を**漢字**に直せ。

2点×20問　／40

1　外国へ**ボウメイ**する計画がある。

2　都心に**コウソウ**ビルが建つ。

3　条約に**カメイ**する。

4　ピアノの**エンソウ**会に行く。

5　母に**ハデ**な服装をとがめられた。

6　薬で**ケットウ**値を下げる。

7　**ゴクヒ**の情報なので他言は無用だ。

8　祖国への**チュウセイ**をちかう。

9　**タンネン**に仕上げられた工芸品だ。

10　**テイボウ**の上を自転車で走る。

6 **文ブ両道**の教育方針を取り入れる。

7 **外交辞レイ**を真に受ける。

8 **千慮一シツ**というべき失策だった。

9 **イ風堂堂**としたたたずまいをほめる。

10 あれほどいた野次馬が**雲散ム消**した。

九

次の各文にまちがって使われている**同じ読みの漢字**が**一字**ある。**上に誤字**を、**下に正しい漢字**を記せ。

/10

2点×5問

1 数年前に比べて、ネット環境や周辺機器の性脳は格段に進歩した。

2 親は我が子を他人と比較して悩まず、本人の個性を損重すべきだ。

3 木綿は乾きが早く給水性に優れているので、台所用品に最適だ。

4 歳末は犯罪が多発するので、特別な敬戒態勢が敷かれる。

5 米国の景気回複で、日本も製造業を中心に活気を取りもどした。

11 夕日が空を**クレナイ**に染める。

12 主君の**カタキウ**ちを果たす。

13 不幸な出来事に**ムネ**を痛める。

14 百人一首についての本を**アラワ**す。

15 空き地に雑草が**ハ**える。

16 スカートの**タケ**を縮める。

17 運賃の値上げに**フ**み切る。

18 兄が**オコ**るのも無理はない。

19 鏡に自分の姿を**ウツ**す。

20 自分のあやまちを**ミト**める。

実力チェック!!

本試験型テスト 第6回

140点以上で合格!

制限時間 60分

月　日

／200

解答→別冊P.30

一

次の――線の**漢字の読み**を**ひらがな**で記せ。

／30　1点×30問

1 宮殿で**巨頭**会談が開かれる。（　）
2 国の施《し》設で**珍獣**を飼育する。（　）
3 部下に**全幅**の信頼をおく。（　）
4 試合開始後**速攻**でゴールを決める。（　）
5 ラジオ放送用の**鉄塔**を建てる。（　）
6 **毒舌**で有名なタレントを起用する。（　）
7 両**陣営**は激しく対立している。（　）
8 かなり空気が**乾燥**している。（　）
9 あのチームの強さには**脱帽**だ。（　）
10 決勝戦に**盤石**の備えで臨む。（　）
11 その案には**驚嘆**するばかりだ。（　）
12 終了《りょう》直前の逆転ゴールに**熱狂**する。（　）
13 被災地に**救援**物資を送る。（　）

二

次の――線の**カタカナ**にあてはまる漢字をそれぞれの**ア～オ**から**一つ**選び、**記号**を記せ。

／30　2点×15問

1 **コ**大広告にだまされる。
2 **コ**笛隊が行進する。
3 集合してから点**コ**をとる。

（ア 枯　イ 誇　ウ 戸　エ 呼　オ 鼓）

1	2	3

4 昔の技術を踏**シュウ**する。
5 **シュウ**抜な成績で高校を卒業する。
6 群**シュウ**がバスのまわりを囲む。

（ア 衆　イ 収　ウ 舟　エ 秀　オ 襲）

4	5	6

14 夏休みは**避暑**地ですごす。（　　）

15 運命として**甘受**するしかない。（　　）

16 長**距離**バスを使って帰省する。（　　）

17 母は**烈火**のごとく怒っている。（　　）

18 強盗の罪で**起訴**される。（　　）

19 研究の成果を発表するため**渡米**する。（　　）

20 自然の**恩恵**に感謝する。（　　）

21 **夕映**えの美しい空を写真にした。（　　）

22 改めてごあいさつに**伺**いたい。（　　）

23 三歳から**娘**に柔道を教える。（　　）

24 殿下がお**召**しになったものだ。（　　）

25 **跡形**もなく消えていた。（　　）

26 車内の網だなに荷物を**忘**れる。（　　）

27 だんろに**薪**をくべる。（　　）

28 毎日夜**遅**くまで勉強している。（　　）

29 最近**肩車**をする父親が少ない。（　　）

30 **乳母**車を押して公園へ行く。（　　）

---

7 重要な**カ**所に印をする。

8 **カ**激な言動を慎む。

9 余**カ**を有効に利用する。

（ア 過　イ 菓　ウ 箇　エ 課　オ 暇）

7	8	9

10 隣家の**ソウ**音に悩まされる。

11 空海は高**ソウ**として名高い。

12 同**ソウ**会でなつかしい友と会う。

（ア 創　イ 僧　ウ 窓　エ 騒　オ 層）

10	11	12

13 コートのボタンを**ト**める。

14 式典を**ト**り行う。

15 友人を家に**ト**める。

（ア 採　イ 捕　ウ 執　エ 留　オ 泊）

13	14	15

三

1～5の三つの□に**共通する漢字**を入れて熟語を作れ。漢字は**ア～コ**から**一つ**選び、**記号**を記せ。

10
2点×5問

1 高□・連□・名□　（　）
2 □食・防□・□敗　（　）
3 連□・脈□・短□　（　）
4 老□・樹□・妙□　（　）
5 □色・□注・失□　（　）

ア 腐　イ 価　ウ 峰　エ 侵　オ 絡
カ 脚　キ 及　ク 案　ケ 齢　コ 却

五

次の漢字の**部首**を**ア～エ**から**一つ**選び、**記号**を記せ。

10
1点×10問

1 霧 〔ア 夂　イ ⻗　ウ 矛　エ 力〕　（　）
2 勧 〔ア 丿　イ 隹　ウ 力　エ 丿〕　（　）
3 丘 〔ア 丘　イ 一　ウ 二　エ 丿〕　（　）
4 握 〔ア 扌　イ 尸　ウ 厶　エ 至〕　（　）
5 舗 〔ア 𠆢　イ 舌　ウ 口　エ 土〕　（　）
6 吹 〔ア 欠　イ 人　ウ 口　エ 𠆢〕　（　）
7 案 〔ア 木　イ 宀　ウ 十　エ 女〕　（　）
8 鑑 〔ア 臣　イ 皿　ウ 二　エ 釒〕　（　）
9 猛 〔ア 犭　イ 子　ウ 皿　エ 一〕　（　）
10 駆 〔ア 匚　イ 十　ウ 灬　エ 馬〕　（　）

四

熟語の構成のしかたには次のようなものがある。

ア 同じような意味の漢字を重ねたもの（永久）
イ 反対または対応の意味を表す字を重ねたもの（苦楽）
ウ 上の字が下の字を修飾しているもの（美人）
エ 下の字が上の字の目的語・補語になっているもの（点火）
オ 上の字が下の字の意味を打ち消しているもの（不足）

次の熟語は右の**ア～オ**のどれにあたるか、**一つ**選び、**記号**を記せ。

/20
2点×10問

1 損壊（　）
2 尽力（　）
3 尋問（　）
4 難易（　）
5 未詳（　）
6 舞踊（　）
7 皆勤（　）
8 賞罰（　）
9 互助（　）
10 拍手（　）

六

後の□内のひらがなを漢字に直して□に入れ、**対義語・類義語**を作れ。□内のひらがなは一度だけ使い、**一字記入**せよ。

/20
2点×10問

対義語

1 応答―質□
2 義務―□利
3 節約―乱□
4 服従―□背
5 陽気―□気

類義語

6 明白―□然
7 死去―□眠
8 汚名―悪□
9 進路―前□
10 美形―□人

い　いん　えい　ぎ　けん
と　ぴ　ひょう　れい　れき

七

次の——線の**カタカナ**を**漢字一字**と**送りがな（ひらがな）**に直せ。

［例］家を**タテル** ⬇ 建てる

1 **ヤサシイ**声で話す。

2 法に**モトヅキ**処理する。

3 知らない人に道を**タズネル**。

4 友人の名字はとても**メズラシイ**。

5 **アザヤカ**な包丁さばきを見せた。

／10

2点×5問

八

文中の**四字熟語**の——線の**カタカナ**を**漢字**に直し、**一字記入**せよ。

1 一**イ**帯水の関係にある。

2 メダリスト達は**キ**色満面だ。

3 絶**タイ**絶命のピンチになる。

4 大器**バン**成型の人物だ。

5 **キ**機一髪で難を逃れる。

／20

2点×10問

十

次の——線の**カタカナ**を**漢字**に直せ。

1 各地の**テンシュカク**を訪ね歩く。

2 **グンカク**に歯止めをかける。

3 ジムに通い**キンニク**をきたえる。

4 昔からここは**コクソウ**地帯だった。

5 原油の供給に**シショウ**をきたす。

6 児童**ケンショウ**が制定された。

7 **フショウ**した兵士の手当てをする。

8 歯医者で虫歯の**チリョウ**をする。

9 **ビネツ**があるので学校を休む。

10 **ケイヒン**工業地帯を見学に行く。

／40

2点×20問

6 熟慮ダン行が成功の要因だ。

7 用意シュウ到に事をはこぶ。

8 山シ水明の地を訪れる。

9 公序良ゾクに反してはいけない。

10 自ら率先垂ハンして部下を教育する。

九

次の各文にまちがって使われている**同じ読みの漢字**が**一字**ある。**上に誤字**を、**下に正しい漢字**を記せ。

/10

2点×5問

1 公園で遊ぶ児童の減少は、社会問題であるとの任識が広まってきた。

2 源占徴収された所得税が、確定申告で全額返金される場合もある。

3 恥をかくことを恐れず、何事にも積極的に取り組む姿征が大切だ。

4 犯人が逃忙し、警官が追跡しているが依然として行方不明である。

5 台風の影響による大雨で、床下浸水、土砂くずれなどの被外が出た。

11 ハイザラを持ち歩く。

12 タビ重なる値上げに反発する。

13 ナゴやかに会が進行する。

14 クラ出しワインを輸入する。

15 部長としてのヤクワリを果たす。

16 ミズカらの潔白を証明する。

17 トウゲの茶屋で一休みする。

18 毎朝日めくりのコヨミをめくる。

19 早朝の駅前はヒトカゲがまばらだ。

20 単なる他人のソラニにすぎない。

実力チェック!!

本試験型テスト 第7回

140点以上で合格!

制限時間 60分

月　日

/200

解答→別冊 P.32

一

次の——線の**漢字の読み**を**ひらがな**で記せ。

1点×30問　/30

1 敬称を付けて呼ぶ。
2 母校に百科事典を寄贈する。
3 ときどき唐突な発言をする。
4 地雷が爆発し命を落とす。
5 微熱があり、体がだるい。
6 絶叫調の演説にうんざりする。
7 青く澄んだ大空を仰視する。
8 吹奏楽部に入部する。
9 依願退職を決意した。
10 旧姓のまま仕事を続ける。
11 新種のウイルスが猛威をふるう。
12 もうもうとした黒煙が上がる。
13 祖父は雅量に富む人物だった。

二

次の——線の**カタカナ**にあてはまる漢字をそれぞれの**ア～オ**から**一つ**選び、**記号**を記せ。

2点×15問　/30

1 どうしてよいやらト方に暮れる。
2 イギリスにト航する。
3 売り上げ目標に届かず青息ト息だ。

（ア 吐　イ 徒　ウ 途　エ 渡　オ 都）

4 ノウ密な味の菓子を食べる。
5 苦ノウが絶えない。
6 授業料をノウ入する。

（ア 悩　イ 脳　ウ 農　エ 濃　オ 納）

14 問題があれば改善を**勧告**する。
15 郷里は全国**屈指**の温泉地だ。
16 **滋養**のためにニンニクを食べた。
17 **論旨**が明快な話だ。
18 裏に「**金弐万円**」と書く。
19 害虫駆除のための**薬剤**を調合する。
20 父が**仁王**立ちになっている。
21 うっすら**笑顔**を浮かべる。
22 派手な**柄**の洋服を買う。
23 予期せぬ質問に**戸惑**う。
24 最近**疲**れやすくなった。
25 兄に話の**腰**を折られた。
26 部屋にじゅうたんを**敷**く。
27 **沼**の近くに住んでいる。
28 **軒並**み空き巣に入られる。
29 サンドイッチを弁当箱に**詰**める。
30 **大海原**に夕日が沈んでいく。

7 負傷者を病院に**ハン**送する。
8 海外に**ハン**路を求める。
9 模**ハン**的な解答をする。
（ア 搬　イ 範　ウ 般　エ 繁　オ 販）

10 資格の**カク**得をめざす。
11 両国を比**カク**する。
12 制度の改**カク**に取り組む。
（ア 閣　イ 較　ウ 革　エ 拡　オ 獲）

13 路傍に小さな花が**サ**く。
14 混雑する時間を**サ**ける。
15 紙面を**サ**くほどの話題ではない。
（ア 割　イ 去　ウ 避　エ 咲　オ 冷）

三

1～5の三つの□に共通する漢字を入れて熟語を作れ。漢字はア～コから一つ選び、記号を記せ。

10
2点×5問

1 発□・寝□・□水（　　）

2 天□・□与・□役（　　）

3 □器・□悪・□作（　　）

4 □助・相□・□角（　　）

5 近□・好□・活□（　　）

ア 恵　イ 凶　ウ 鋭　エ 溶　オ 賦
カ 沢　キ 汗　ク 介　ケ 互　コ 坊

五

次の漢字の部首をア～エから一つ選び、記号を記せ。

10
1点×10問

1 翼［ア 丷　イ 羽　ウ 八　エ 田］（　　）

2 暦［ア 木　イ 厂　ウ 日　エ ノ］（　　）

3 輩［ア 非　イ 丨　ウ 日　エ 車］（　　）

4 踊［ア 止　イ ⻊　ウ 用　エ 口］（　　）

5 盤［ア 舟　イ 殳　ウ 皿　エ 又］（　　）

6 慢［ア 日　イ 忄　ウ 罒　エ 又］（　　）

7 噴［ア 十　イ 艹　ウ 貝　エ 口］（　　）

8 与［ア 一　イ 弓　ウ 二　エ 与］（　　）

9 重［ア ノ　イ 曰　ウ 里　エ 一］（　　）

10 飼［ア 飠　イ 一　ウ 入　エ 口］（　　）

四

熟語の構成のしかたには次のようなものがある。

ア 同じような意味の漢字を重ねたもの（永久）

イ 反対または対応の意味を表す字を重ねたもの（苦楽）

ウ 上の字が下の字を修飾しているもの（美人）

エ 下の字が上の字の目的語・補語になっているもの（点火）

オ 上の字が下の字の意味を打ち消しているもの（不足）

次の熟語は右の**ア**～**オ**のどれにあたるか、**一つ**選び、**記号**を記せ。

□／20

2点×10問

1 希薄（　　）

2 起床（　　）

3 腕章（　　）

4 脂肪（　　）

5 強震（　　）

6 経緯（　　）

7 握手（　　）

8 師弟（　　）

9 無為（　　）

10 執筆（　　）

六

後の□内のひらがなを漢字に直して□に入れ、**対義語**・**類義語**を作れ。□内のひらがなは一度だけ使い、**一字記入**せよ。

□／20

2点×10問

対義語

1 中正—極□

2 確信—憶□

3 却下—□理

4 奇抜—平□

5 開国—□国

類義語

6 寸志—薄□

7 横領—□服

8 筋道—□絡

9 永遠—不□

10 抜群—優□

きゅう　さ　しゃ　じゅ　しゅう

そく　たん　ちゃく　ぼん　みゃく

七

次の——線のカタカナを漢字一字と送りがな(ひらがな)に直せ。

2点×5問 /10

〔例〕 家をタテル → 建てる

1 高い評価をイタダク。
2 想像力をヤシナウ。
3 魚が岩のかげにカクレル。
4 苦手な人をサケル。
5 体が病にオカサレル。

八

文中の四字熟語の——線のカタカナを漢字に直し、一字記入せよ。

2点×10問 /20

1 隣国との共ゾン共栄をはかる。
2 小春日ヨリのよい天気だ。
3 成功を自ガ自賛する。
4 国の事大シュ義に反対する。
5 質ギ応答によって理解を深める。

十

次の——線のカタカナを漢字に直せ。

2点×20問 /40

1 新しいチョウシャを見学する。
2 国語の授業にハイクを取り入れる。
3 研究班をハケンする。
4 書店で本をスウサツ買う。
5 ヤトウから選挙に出馬する。
6 駅前でショメイを集める。
7 信号機のコショウで電車が止まる。
8 チラシを使ってセンデンする。
9 セイタン三百年を祝う。
10 料理にイッテキしょうゆを垂らす。

6 **出ショ進退**を明らかにする。

7 **正当防エイ**が認められる。

8 **一モウ打尽**に悪者をとらえる。

9 今は**現状イ持**が望ましい。

10 そう査は**五里ム中**である。

九

次の各文にまちがって使われている**同じ読みの漢字**が**一字**ある。**上に誤字**を、**下に正しい漢字**を記せ。

/10

2点×5問

1 甘口の酒を好む若年層の増化を踏まえ、商品づくりに腐心している。

2 乾燥する季節は皮膚に水分と油分を捕給する薬を毎晩ぬるとよい。

3 女優による舞台あいさつ時の爆弾発言に、劇場全体が騒前となった。

4 幅広いジャンルの見織者が討論する番組で、司会を務める。

5 現行の対策とは全く別の示援策が必要だと専門家は指摘する。

11 山の上に**シロ**を築く。

12 自分の部屋が**ホ**しい。

13 卒業式が**オゴソ**かに行われた。

14 あいつには**コマ**ったものだ。

15 大事には**イタ**らなかった。

16 被害者の身元を**アラ**う。

17 空から天使が**マ**い降りる。

18 強風で**カミ**が乱れる。

19 気温の変化が**ハゲ**しい。

20 **スナハマ**で貝がらを拾う。

実力チェック!!

本試験型テスト 第8回

140点以上で合格!

制限時間 60分

月　日

/200

解答 → 別冊 P.34

一

次の――線の**漢字の読み**を**ひらがな**で記せ。

/30　1点×30問

1 教室で転校生を**紹介**する。（　）
2 申し出を**是認**する。（　）
3 悲しみをこらえ**気丈**に振る舞う。（　）
4 **平凡**な生活に幸せを感じる。（　）
5 **紫外線**は日焼けを起こす。（　）
6 海に迫る**絶壁**が続く。（　）
7 **素姓**を明かし信用を得る。（　）
8 年末には道路の**舗装**工事が増える。（　）
9 ビルの**老朽**化が進む。（　）
10 クレームに**敏速**に対応する。（　）
11 新年の**抱負**を語る。（　）
12 軍が**発砲**する事件が起きた。（　）
13 **脂肪**ののったやわらかい牛肉を好む。（　）

二

次の――線の**カタカナ**にあてはまる漢字をそれぞれの**ア～オ**から**一つ**選び、**記号**を記せ。

/30　2点×15問

1 **サイ**末商戦を迎える。
2 連**サイ**小説を愛読する。
3 けんかの仲**サイ**に入る。

（**ア** 際　**イ** 載　**ウ** 済　**エ** 裁　**オ** 歳）

4 事の経緯を**ショウ**述する。
5 戦国武**ショウ**が登場するドラマを見た。
6 **ショウ**子の張り替えを頼まれる。

（**ア** 称　**イ** 障　**ウ** 詳　**エ** 章　**オ** 将）

14 『源氏物語』を**講釈**する。（　　）
15 **風刺**のきいた新作落語だ。（　　）
16 大切なところに**傍線**を引く。（　　）
17 細かい**粒子**が大気中に舞う。（　　）
18 横浜の**波止場**から船に乗る。（　　）
19 **現役**で難関私大に合格した。（　　）
20 人生の**岐路**に立たされる。（　　）
21 写真を**額縁**に入れて飾る。（　　）
22 **幾度**電話をしても留守だった。（　　）
23 誕生日にもらった腕時計を大切に**扱**う。（　　）
24 世界は**狭**いと感じる。（　　）
25 ガラスの**器**に果物を盛った。（　　）
26 そのころの**面影**はない。（　　）
27 **浮**わついた気持ちではいけない。（　　）
28 会計で料金を**支払**う。（　　）
29 殿様には美しい**奥方**がいた。（　　）
30 **吹雪**で前がまったく見えない。（　　）

7 厚顔無**チ**な行いだ。
8 列車の**チ**延証明をもらう。
9 **チ**兄弟のあだを討つ物語を読む。
（ア 血　イ 値　ウ 恥　エ 遅　オ 乳）

10 作品は**トウ**作と指摘された。
11 考え方が社員全体に浸**トウ**する。
12 高さ十メートルの記念**トウ**を見上げる。
（ア 逃　イ 透　ウ 踏　エ 盗　オ 塔）

13 **ト**らぬたぬきの皮算用。
14 うさぎが**ト**びはねる。
15 からまったひもが**ト**ける。
（ア 溶　イ 解　ウ 取　エ 跳　オ 捕）

三

1～5の三つの□に**共通する漢字**を入れて熟語を作れ。漢字は**ア～コ**から**一つ**選び、**記号**を記せ。

2点×5問　/10

1　精□・□色・異□　（　　）

2　破天□・□天・□野　（　　）

3　□物・□豆・雑□　（　　）

4　□回・□視・□礼　（　　）

5　□産・打□・圧□　（　　）

ア 縮　イ 彩　ウ 孝　エ 煮　オ 毎
カ 牛　キ 巡　ク 誌　ケ 倒　コ 荒

五

次の漢字の**部首**を**ア～エ**から**一つ**選び、**記号**を記せ。

1点×10問　/10

1　巨［ア 工　イ 匚　ウ 丨　エ 口］（　　）

2　握［ア 尸　イ 扌　ウ 至　エ 土］（　　）

3　更［ア 田　イ ノ　ウ 曰　エ 一］（　　）

4　茂［ア 戈　イ ノ　ウ 弋　エ 艹］（　　）

5　豪［ア 豕　イ 亠　ウ 冖　エ 口］（　　）

6　傾［ア 匕　イ 頁　ウ 亻　エ 八］（　　）

7　腐［ア 广　イ 亻　ウ 寸　エ 肉］（　　）

8　舟［ア 丶　イ ノ　ウ 舟　エ 一］（　　）

9　剤［ア 文　イ 刂　ウ 斉　エ 亅］（　　）

10　番［ア 田　イ 米　ウ ノ　エ 釆］（　　）

四

熟語の構成のしかたには次のようなものがある。

ア 同じような意味の漢字を重ねたもの（永久）
イ 反対または対応の意味を表す字を重ねたもの（苦楽）
ウ 上の字が下の字を修飾しているもの（美人）
エ 下の字が上の字の目的語・補語になっているもの（点火）
オ 上の字が下の字の意味を打ち消しているもの（不足）

次の熟語は右の**ア～オ**のどれにあたるか、**一つ**選び、**記号**を記せ。

/20
2点×10問

1 激突（　　）
2 代替（　　）
3 提訴（　　）
4 安危（　　）
5 脱帽（　　）
6 比較（　　）
7 不慮（　　）
8 雅俗（　　）
9 派遣（　　）
10 黙認（　　）

六

後の□内のひらがなを漢字に直して□に入れ、**対義語・類義語**を作れ。□内のひらがなは一度だけ使い、**一字記入**せよ。

/20
2点×10問

対義語

1 定例―□時
2 慎重―□挙
3 勇将―弱□
4 険悪―□和
5 類似―相□

類義語

6 精進―尽□
7 名誉―栄□
8 異同―□異
9 偉人―英□
10 前半―序□

い　けい　こう　さ　そつ
にゅう　ばん　ゆう　りょく　りん

七

次の――線の**カタカナ**を**漢字一字**と**送りがな(ひらがな)**に直せ。

/10

2点×5問

[例] 家を**タテル** ⬇ 建てる

1 固く口を**トザス**。

2 コマを上手に**アヤツル**。

3 **キタナイ**部屋をそうじする。

4 **ニギリ**飯をお弁当に作る。

5 女性の**サケビ**声が聞こえた。

八

文中の**四字熟語**の――線の**カタカナ**を**漢字**に直し、**一字記入**せよ。

/20

2点×10問

1 厳正中**リツ**な判断をくだす。

2 油断大**テキ**と気を引き締《し》める。

3 一宿一**パン**の恩義を感じる。

4 意味**シン**長な言葉を吐く。

5 事実無**コン**の中傷を受ける。

十

次の――線の**カタカナ**を**漢字**に直せ。

/40

2点×20問

1 北条氏一族の**ケイズ**を調べる。

2 **ヤボ**なことは聞かないようにする。

3 **コキョウ**をなつかしむ。

4 **ヨクアサ**は気持ちよく晴れた。

5 フランス**カクメイ**について学ぶ。

6 強調点を**ホソク**説明する。

7 詩を**ロウドク**する。

8 **ジリツ**神経が乱れる。

9 軍により物資の**ハンニュウ**が行われる。

10 母は長年**ヨウツウ**に苦しんでいる。

6 **イン果応報**がテーマの小説を書く。

7 **行ウン流水**の心境に達する。

8 **旧態イ然**のままでは未来はない。

9 政治家は**言行一チ**が基本だ。

10 友人と私は**不即不リ**の関係だ。

九

次の各文にまちがって使われている**同じ読みの漢字**が**一字**ある。**上に誤字**を、**下に正しい漢字**を記せ。

10

2点×5問

1 適度な運動を定期的に行い、いつまでも健康な心と体を維持する。

2 毒占禁止法の規定に違反すると公正取引委員会より勧告を受ける。

3 同じ距離の物ばかり見ると目のピント調折筋肉が疲労するらしい。

4 部活動の引隊試合の後、後輩たちから寄せ書きを贈られ感動した。

5 授業参観で我が子の注意散漫な態度を目にした。

11 **カタトキ**も忘れたことはない。

12 遊牧の**タミ**にあこがれる。

13 **ワカゲ**の至りと許してもらう。

14 トマトが赤く**ウ**れる。

15 明るい**マドベ**に近寄る。

16 **ネム**くなったので床に就く。

17 反論の**ホコサキ**は国に向けられた。

18 現代の日本社会を**カエリ**みる。

19 **シゲ**みの中で虫を探す。

20 家族で初日の出を**オガ**む。

実力チェック!!

本試験型テスト 第9回

140点以上で合格！

制限時間 60分

月　日　／200

解答→別冊 P.36

一

次の——線の**漢字の読み**を**ひらがな**で記せ。

／30　1点×30問

1 アルプスの**連峰**をふもとから見上げる。（　）

2 ノーベル賞の**栄誉**に輝く。（　）

3 両親は近所でもおしどり**夫婦**と評判だ。（　）

4 意識が**混濁**してくる。（　）

5 周辺の小国が大国に**隷属**する。（　）

6 販売数は**鈍化**のきざしが見える。（　）

7 道路の**舗装**工事が終わる。（　）

8 **瞬刻**にして変化する。（　）

9 社員が**交替**で受付係をする。（　）

10 百名山を**踏破**する。（　）

11 手を挙げる人は**皆無**だった。（　）

12 **監禁**の罪に問われる。（　）

13 大きな**反響**を巻き起こす。（　）

二

次の——線の**カタカナ**にあてはまる漢字をそれぞれの**ア～オ**から**一つ**選び、**記号**を記せ。

／30　2点×15問

1 楽**セイ**と呼ばれる作曲者たちの音楽だ。

2 ついにエベレストを**セイ**服する。

3 友人は**セイ**実な人柄だ。

（**ア** 姓　**イ** 聖　**ウ** 盛　**エ** 誠　**オ** 征）

4 新郎を**ドウ**上げしている。

5 子どものころは神**ドウ**と呼ばれた。

6 **ドウ**火線に点火する。

（**ア** 胴　**イ** 堂　**ウ** 銅　**エ** 導　**オ** 童）

14 **京浜**工業地帯にある工場を見学する。（　　）

15 誤って漁船が**撃沈**された。（　　）

16 追って**詳報**を伝えます。（　　）

17 **首都圏**に多くの支店をもつ。（　　）

18 寺に参拝して**宿坊**に泊まる。（　　）

19 茶道の家元を**世襲**する。（　　）

20 **盆踊**りは夏の風物詩だ。（　　）

21 難病と**闘**う少女の物語を読む。（　　）

22 めったに見られない**代物**が展示された。（　　）

23 ようやく仕事も**峠**を越した。（　　）

24 **薄曇**りの空に旗がたなびく。（　　）

25 領海を**侵**して密漁する。（　　）

26 不用意な言動は**慎**むべきだ。（　　）

27 庭の**芝生**の手入れをする。（　　）

28 世界一の大きさを**誇**る劇場が修復された。（　　）

29 人々が**豆粒**ほどに見える。（　　）

30 大空に**稲妻**が走る。（　　）

7 客に割安感を与えるよう**フ**心する。

8 主人公は大**フ**豪のひとり娘だ。

9 **フ**教のために来日する。

（ア 膚　イ 布　ウ 富　エ 賦　オ 腐）

7	8	9

10 この大学は多くの政治家を**ハイ**出した。

11 友人の**ハイ**信行為を許さない。

12 小さいころから**ハイ**優をめざす。

（ア 肺　イ 俳　ウ 配　エ 輩　オ 背）

10	11	12

13 荷物をかばんに**ツ**め込む。

14 証拠品を**ツ**きつける。

15 ファンが会場をうめ**ツ**くす。

（ア 詰　イ 摘　ウ 尽　エ 継　オ 突）

13	14	15

三

1～5の三つの□に**共通する漢字**を入れて熟語を作れ。漢字は**ア～コ**から**一つ**選び、**記号**を記せ。

/10

2点×5問

1　□実・中□・□持

2　祝□・乾□・満□

3　□笑・□撃・□弾

4　□使・先□・□動

5　□営・□痛・出□

ア　陣　　イ　杯　　ウ　微　　エ　辞　　オ　激
カ　忠　　キ　流　　ク　駆　　ケ　堅　　コ　爆

五

次の漢字の**部首**を**ア～エ**から**一つ**選び、**記号**を記せ。

/10

1点×10問

1　維　〔ア　隹　イ　幺　ウ　忄　エ　糸〕

2　躍　〔ア　⻊　イ　隹　ウ　止　エ　口〕

3　脚　〔ア　土　イ　厶　ウ　卩　エ　月〕

4　舞　〔ア　丿　イ　舛　ウ　一　エ　夕〕

5　齢　〔ア　止　イ　人　ウ　米　エ　歯〕

6　露　〔ア　⻊　イ　口　ウ　⻗　エ　夂〕

7　壁　〔ア　辛　イ　土　ウ　尸　エ　口〕

8　漫　〔ア　日　イ　又　ウ　氵　エ　罒〕

9　砲　〔ア　勹　イ　石　ウ　己　エ　口〕

10　夜　〔ア　夕　イ　夂　ウ　亻　エ　亠〕

四

熟語の構成のしかたには次のようなものがある。

ア 同じような意味の漢字を重ねたもの（永久）
イ 反対または対応の意味を表す字を重ねたもの（苦楽）
ウ 上の字が下の字を修飾しているもの（美人）
エ 下の字が上の字の目的語・補語になっているもの（点火）
オ 上の字が下の字の意味を打ち消しているもの（不足）

次の熟語は右の**ア**～**オ**のどれにあたるか、**一つ**選び、**記号**を記せ。

／20　2点×10問

1 迷惑（　）
2 断続（　）
3 遅刻（　）
4 未済（　）
5 感涙（　）

6 就寝（　）
7 柔和（　）
8 麦飯（　）
9 雌雄（　）
10 執務（　）

六

後の□内のひらがなを漢字に直して□に入れ、**対義語**・**類義語**を作れ。□内のひらがなは一度だけ使い、**一字記入**せよ。

／20　2点×10問

対義語

1 近隣－□方
2 未熟－老□
3 簡易－繁□
4 快勝－□敗
5 落第－□第

類義語

6 依頼－委□
7 平素－普□
8 探検－冒□
9 領域－□囲
10 黙視－□観

えん　きゅう　けん　ざつ　ざん
だん　にん　はん　ぼう　れん

七

次の――線の**カタカナ**を**漢字一字**と**送りがな（ひらがな）**に直せ。

［例］ 家を**タテル** ➡ 建てる

1 動きが**カロヤカ**だ。

2 役者を**ココロザシ**て上京する。

3 船の模型を水に**ウカベル**。

4 雄大な風景画を**エガク**。

5 相手の動きに**マドワサレル**。

／10

2点×5問

八

文中の**四字熟語**の――線の**カタカナ**を**漢字**に直し、**一字記入**せよ。

／20

2点×10問

1 弟はずっと**音信不ツウ**だ。

2 **白河ヨ船**の夢の中。

3 **安心立メイ**の境地に達する。

4 **海外渡コウ**が許されなかった時代だ。

5 **奇想テン外**な筋書きだ。

十

次の――線の**カタカナ**を**漢字**に直せ。

／40

2点×20問

1 工事は予備日に**ジュンエン**する。

2 英語の**ヒンシ**と文型を学ぶ。

3 人に**キガイ**を加える場合がある。

4 私には法的な**ケンゲン**がない。

5 オーケストラの**シキ**をする。

6 **テッコウ**の生産量が増える。

7 **ドキョウ**があるので本番に強い。

8 **サクリャク**にはまってしまった。

9 皇后**ヘイカ**がお見えになった。

10 実家の**テンジョウ**はとても高い。

6 **大器バン成**な人物と評された。

7 まったくもって**笑シ千万**な話だ。

8 **一触ソク発**の国から引き上げる。

9 **有イ転変**の世の中だ。

10 **新進気エイ**の小説家が現れる。

九

次の各文にまちがって使われている**同じ読みの漢字**が**一字**ある。**上に誤字**を、**下に正しい漢字**を記せ。

10

2点×5問

1 百貨店は消費税込み総額表示の導入後、一率一割の値下げを決定した。

2 他人の欠点を否判するよりも、長所に気づくよう努めるべきだ。

3 現場検証で事故を未前に防ぐことは十分に可能だったと判明した。

4 激薬が一般社会へ流出する原因は、管理体制の甘さにある。

5 上京したてのころはにぎやかな町並みや高僧ビル街に圧倒された。

11 正月は**イナカ**で過ごす。

12 **ム**しタオルで顔をふく。

13 旅先の景色を写真に**オサ**める。

14 春の**オトズ**れを待ちわびる。

15 老若男女が広場に**ツド**う。

16 そろそろ**ツユ**が明ける。

17 **ケンドウ**の竹刀でスイカを割る。

18 **カイコ**から生糸をとる。

19 **フチ**なしの眼鏡を愛用している。

20 言論**ダンアツ**とも思える法律ができた。

実力チェック!!

本試験型テスト 第10回

140点以上で合格!

制限時間 60分

月　日

/200

解答→別冊 P.38

一

次の――線の**漢字の読み**を**ひらがな**で記せ。

/30

1点×30問

1 喜びで**歓呼**の声をあげる。

2 質問され**即座**に答える。

3 **継続**して取り組む。

4 一寸の**光陰**軽んずべからず。

5 湖をフェリーが**舟航**する。

6 若者に**迎合**している番組だ。

7 **市販**薬を買って飲む。

8 会場に着いた**途端**に走り出す。

9 害虫は**一匹**もいなくなった。

10 三十万円以下の**罰金**を科する。

11 **柔和**な目をしてほほ笑む。

12 現代は**太陽暦**を使っている。

13 その山は**秀峰**として名高い。

二

次の――線の**カタカナ**にあてはまる漢字をそれぞれの**ア～オ**から**一つ**選び、**記号**を記せ。

/30

2点×15問

1 衣類を乾**ソウ**機にかける。

2 事件の現場は**ソウ**然としていた。

3 **ソウ**互の意見を尊重する。

（ア 燥　イ 装　ウ 騒　エ 総　オ 相）

4 群衆を**セン**動して暴動を起こす。

5 **セン**度を保つために工夫する。

6 余命は半年だと**セン**告される。

（ア 宣　イ 洗　ウ 扇　エ 泉　オ 鮮）

14 戦争中、令状がきて**応召**した。（　　）
15 半年の**療養**生活を送る。（　　）
16 客の**高慢**な態度が目立つ。（　　）
17 **干潟**に小魚が取り残されている。（　　）
18 **麗筆**をふるった招待状だ。（　　）
19 英語はどうも**鬼門**だ。（　　）
20 毎朝七時に**起床**する。（　　）
21 何か**含**むところがあるようだ。（　　）
22 白鳥が**翼**を広げて飛び立つ。（　　）
23 土俵入りの**露払**いを務める。（　　）
24 休日に**暇**をもてあます。（　　）
25 激しい意気**込**みで試合に臨む。（　　）
26 その結果には疑問を**抱**いた。（　　）
27 **濃**い色のセーターを着る。（　　）
28 **互**いに友人を紹介しあう。（　　）
29 とろ火でジャムを**煮詰**める。（　　）
30 **砂利**道を車で走る。（　　）

---

7 父の**ハク**識は広く知られている。
8 ひとりで漂**ハク**の旅に出る。
9 **ハク**真の演技で観客を圧倒する。
（ア 博　イ 泊　ウ 薄　エ 白　オ 迫）

7	8	9

10 走、攻、守の三**ビョウ**子そろっている。
11 男女を**ビョウ**等に扱う。
12 ダ・ヴィンチの素**ビョウ**を見る。
（ア 秒　イ 拍　ウ 病　エ 平　オ 描）

10	11	12

13 畳の上にふとんを**シ**く。
14 反対意見は全体の半分を**シ**める。
15 国民に多くの負担を**シ**いる。
（ア 閉　イ 雌　ウ 強　エ 占　オ 敷）

13	14	15

三

1～5の三つの□に**共通する漢字**を入れて熟語を作れ。漢字は**ア～コ**から**一つ**選び、**記号**を記せ。

2点×5問　/10

1　□義・□小・広□　（　　）

2　□賞・図□・□定　（　　）

3　今□・変□・□新　（　　）

4　□状・一□・□境　（　　）

5　□火・□煙・□水　（　　）

ア 鑑　イ 噴　ウ 旬　エ 肩　オ 環
カ 狭　キ 更　ク 認　ケ 壊　コ 恒

五

次の漢字の**部首**を**ア～エ**から**一つ**選び、**記号**を記せ。

1点×10問　/10

1　彩　［ア 釆　イ 彡　ウ 爫　エ 木］　（　　）

2　腐　［ア 寸　イ 亻　ウ 广　エ 肉］　（　　）

3　弐　［ア 冫　イ 弋　ウ 一　エ 丶］　（　　）

4　軒　［ア 干　イ 日　ウ 丨　エ 車］　（　　）

5　霧　［ア ⻗　イ 矛　ウ 攵　エ 力］　（　　）

6　柄　［ア 一　イ 冂　ウ 木　エ 人］　（　　）

7　誇　［ア 言　イ 大　ウ 二　エ 人］　（　　）

8　殿　［ア 尸　イ 八　ウ 又　エ 殳］　（　　）

9　寝　［ア 宀　イ 冖　ウ 又　エ 冫］　（　　）

10　商　［ア 立　イ 亠　ウ 口　エ 冂］　（　　）

四

熟語の構成のしかたには次のようなものがある。

ア 同じような意味の漢字を重ねたもの（永久）
イ 反対または対応の意味を表す字を重ねたもの（苦楽）
ウ 上の字が下の字を修飾しているもの（美人）
エ 下の字が上の字の目的語・補語になっているもの（点火）
オ 上の字が下の字の意味を打ち消しているもの（不足）

次の熟語は右の**ア**〜**オ**のどれにあたるか、**一つ**選び、**記号**を記せ。

／20　2点×10問

1 首尾（　　）
2 皮膚（　　）
3 砂丘（　　）
4 運搬（　　）
5 冒険（　　）
6 敏腕（　　）
7 無為（　　）
8 攻守（　　）
9 観劇（　　）
10 喜怒（　　）

六

後の［　］内のひらがなを漢字に直して□に入れ、**対義語**・**類義語**を作れ。［　］内のひらがなは一度だけ使い、**一字記入**せよ。

／20　2点×10問

対義語

1 沈黙—発□
2 活用—死□
3 油断—□戒
4 巨大—□細
5 看過—□発

類義語

6 無事—□災
7 相違—差□
8 腕前—技□
9 誇張—大□
10 混雑—雑□

い　ぎょう　けい　げん　ぞう
そく　てき　とう　び　りょう

七

次の——線の**カタカナ**を**漢字一字**と**送りがな（ひらがな）**に直せ。

10

2点×5問

［例］　家をタテル ⬇ 建てる

1 へちまのつるが支柱にマキツク。

2 スコヤカに成長する。

3 多額の損害をコウムル。

4 少年よ大志をイダケ。

5 ナヤマシイ出来事が起きた。

八

文中の**四字熟語**の——線の**カタカナ**を**漢字**に直し、**一字記入**せよ。

20

2点×10問

1 国の安全保ショウについて討論する。

2 理非キョク直をわきまえる。

3 ゴク悪非道な人物は許せない。

4 一部始ジュウを親に白状する。

5 温コ知新、歴史から多くを学ぶ。

十

次の——線の**カタカナ**を**漢字**に直せ。

40

2点×20問

1 テレビがこわれてエイゾウが出ない。

2 反対運動をテンカイする。

3 希望に沿ってカイゼンする。

4 雑誌のセンゾクモデルをしている。

5 シュウキョウ戦争が起きる。

6 病院でイカスイだとわかる。

7 原因についてはショセツある。

8 薬物にイソンする人が増加している。

9 チキュウギを誕生日に買ってもらう。

10 カンキョウ破壊を食い止める。

6 **一視同ジン**を常に心がける。

7 **人海戦ジュツ**で救援物資を運ぶ。

8 各派は**リ合集散**を繰り返した。

9 **主客転トウ**の結果となる。

10 **思リョ分別**を身につける。

九

次の各文にまちがって使われている**同じ読みの漢字**が**一字**ある。**上に誤字**を、**下に正しい漢字**を記せ。

／10

2点×5問

1 学生券を買う際は、年齢と修学を証明できる物の提示が必要だ。

2 苦しいリハビリに耐え、奇跡的にプロ選手として復貴を果たした。

3 裁判官が判決文を郎読中に、遺族のすすり泣く声が聞こえ始めた。

4 相手の猛烈な攻撃に対抗して、本革的な戦闘態勢に突入した。

5 自転車の路上放致により、歩道が占領され迷惑する人が大勢いる。

11 冷たい雨が**フ**る中、犬の散歩に行く。

12 勝負の結果は運を天に**マカ**せる。

13 **オオヤケ**の場で詳しい説明を行う。

14 両親のお**メガネ**にかなう。

15 **ハガネ**のような筋肉だ。

16 昔の思い出が脳裏に**ウ**かぶ。

17 **ココロヨ**く引き受ける。

18 つねに**オノレ**を省みる。

19 秋には**モミジ**狩りに出かける。

20 メジャーで**カタハバ**を測る。

実力チェック!!

本試験型テスト　第11回

140点以上で合格！

制限時間 60分

月　日

/200

解答→別冊 P.40

一

次の――線の**漢字の読み**を**ひらがな**で記せ。

/30　1点×30問

1 **跳馬**で見事な演技を見せる。

2 本堂は**丹朱**にぬられている。

3 **旬刊**新聞を発行する。

4 **奇跡**的な回復を見せる。

5 小説の題材は**無尽蔵**にある。

6 財界の**浮沈**にかかわる一大事だ。

7 小型**扇風機**を持ち歩く。

8 地域による不平等を**是正**する。

9 ラジオから**歌謡**曲が聞こえる。

10 春の遠足は毎年**恒例**の行事だ。

11 **静寂**な境内の中を歩く。

12 書類に地図を**添付**する。

13 **致死**量の農薬が盗まれた。

二

次の――線の**カタカナ**にあてはまる漢字をそれぞれの**ア～オ**から**一つ**選び、**記号**を記せ。

/30　2点×15問

1 天守閣の**イ**観を誇る。

2 東京は北**イ**三十五度だ。

3 ルールに**イ**反する。

（ア 易　イ 緯　ウ 違　エ 偉　オ 依）

4 祝**ガ**パレードを見物する。

5 社長は**ガ**欲が強い男だ。

6 風**ガ**な家屋に住む。

（ア 我　イ 賀　ウ 画　エ 芽　オ 雅）

14 **六畳**の狭い和室で暮らす。

15 **高僧**の説法に耳を傾ける。

16 明治**維新**で新政府が樹立した。

17 **提訴**され、現在係争中だ。

18 父には**到底**かなわない。

19 パソコンは急速に**普及**した。

20 風の**抵抗**を計算する。

21 子供部屋は足の**踏**み場もない。

22 きれいな**髪飾**りを見つけた。

23 秋の**稲刈**りを手伝う。

24 あれこれと思いを**巡**らせる。

25 夜中に**騒**いでしかられた。

26 両親の反対に決心が**鈍**る。

27 農園で**茶摘**み体験をする。

28 夏休みで気が緩《ゆる》まないよう**戒**める。

29 引っ越しの荷物を積み**込**む。

30 **最寄**りの駅まで徒歩で五分だ。

7 発**カン**させて病気をなおす。

8 **カン**美な音楽にうっとりする。

9 **カン**電池で動くおもちゃだ。

（ア 干　イ 乾　ウ 簡　エ 甘　オ 汗）

10 **キョウ**嘆に値する成果だ。

11 マラソンの実**キョウ**中継を見る。

12 望**キョウ**の念にかられる。

（ア 況　イ 驚　ウ 叫　エ 郷　オ 凶）

13 台風のために海が**ア**れる。

14 公園の中央に池が**ア**る。

15 竹でかごを**ア**む。

（ア 挙　イ 当　ウ 編　エ 在　オ 荒）

三

1～5の三つの□に**共通する漢字**を入れて熟語を作れ。漢字は**ア～コ**から**一つ**選び、**記号**を記せ。

10
2点×5問

1 □権・確□・□着（　　）

2 □劇・悲□・□事（　　）

3 □殖・開□・魚□（　　）

4 追□・象□・特□（　　）

5 感□・□発・□覚（　　）

ア 徴	イ 養	ウ 触	エ 放	オ 隠
カ 執	キ 拓	ク 謝	ケ 像	コ 惨

五

次の漢字の**部首**を**ア～エ**から**一つ**選び、**記号**を記せ。

10
1点×10問

1 項〔ア 工　イ 目　ウ 一　エ 頁〕（　　）

2 疑〔ア 矢　イ 人　ウ 疋　エ 匕〕（　　）

3 腕〔ア 月　イ 夕　ウ 㔾　エ 宀〕（　　）

4 黙〔ア 犬　イ 黒　ウ 里　エ 灬〕（　　）

5 舗〔ア 土　イ 舌　ウ 口　エ 人〕（　　）

6 夢〔ア 艹　イ 冖　ウ 夕　エ 罒〕（　　）

7 奮〔ア 大　イ 隹　ウ 田　エ 人〕（　　）

8 聖〔ア 口　イ 王　ウ 目　エ 耳〕（　　）

9 前〔ア 刂　イ 月　ウ 一　エ 亅〕（　　）

10 周〔ア 冂　イ 十　ウ 口　エ 土〕（　　）

四

熟語の構成のしかたには次のようなものがある。

ア 同じような意味の漢字を重ねたもの（永久）
イ 反対または対応の意味を表す字を重ねたもの（苦楽）
ウ 上の字が下の字を修飾しているもの（美人）
エ 下の字が上の字の目的語・補語になっているもの（点火）
オ 上の字が下の字の意味を打ち消しているもの（不足）

次の熟語は右の**ア**～**オ**のどれにあたるか、**一つ**選び、**記号**を記せ。

□ /20
2点×10問

1 送迎（　　）
2 鎖国（　　）
3 堅持（　　）
4 更改（　　）
5 不精（　　）
6 攻防（　　）
7 浸水（　　）
8 剣道（　　）
9 屈指（　　）
10 映写（　　）

六

後の□内のひらがなを漢字に直して□に入れ、**対義語・類義語**を作れ。□内のひらがなは一度だけ使い、**一字記入**せよ。

□ /20
2点×10問

対義語

1 支出―□入
2 無口―多□
3 野生―□育
4 親切―冷□
5 専任―□任

類義語

6 諸用―雑□
7 落日―斜□
8 気化―□発
9 理解―解□
10 秘境―□地

おく　けん　し　しゃく　しゅう
じょう　たん　べん　む　よう

七

次の——線の**カタカナ**を**漢字一字**と**送りがな（ひらがな）**に直せ。

/10
2点×5問

［例］ 家を**タテル** ➡ 建てる

1 良心に**シタガッ**て行動する。
2 **ケワシイ**山道を登る。
3 **クワシイ**説明を求める。
4 姉はしとやかで**ツツシミ**深い。
5 上司の話を**ヌスミ**聞きする。

八

文中の**四字熟語**の——線の**カタカナ**を**漢字**に直し、**一字記入**せよ。

/20
2点×10問

1 **クウ前絶後**の快挙をたたえる。
2 **一知ハン解**の知識で恥をかく。
3 口を**マ一文字**に結ぶ。
4 **上意下タツ**の方針を厳守させる。
5 落語を聞いて**抱フク絶倒**する。

十

次の——線の**カタカナ**を**漢字**に直せ。

/40
2点×20問

1 法制の**コッカク**が整う。
2 **センリョウ**で服の色を変える。
3 日本近海の黒潮は**ダンリュウ**だ。
4 政府への**ヒハン**が強まる。
5 会議の決定に**イゾン**はない。
6 戦国**ブショウ**が登場する物語を読んだ。
7 **ケイレツ**会社に出向となる。
8 **ジニン**のニュースは誤報だった。
9 逃げた**モウジュウ**をとらえる。
10 このアロマは天然の**コウリョウ**を使っている。

6 故事来レキに学ぶことは大切だ。

7 エン命息災を神に祈る。

8 一族ロウ党が力を合わせる。

9 集中ゴウ雨による被害は大きい。

10 衆人カン視の中で起きた事件だ。

九

次の各文にまちがって使われている**同じ読みの漢字**が**一字**ある。**上に誤字**を、**下に正しい漢字**を記せ。

/10
2点×5問

1 五歳から器械体操を始め、数々の世界大会で優秀な成績をおさめた。

2 牛乳は神経を休ませ眠気をさそう効果があるので終寝前に飲んでいる。

3 濃い色柄物で薄手の上着は、汚れても目立たず、何かと重豊する。

4 強い台風に襲われた地域の住民は体育館への避難を与儀なくされた。

5 罪のない市民をねらう非人道的な無差別テロに弾固として反対する。

11 みかんをかごにモる。

12 雪がハゲしく降る。

13 横のものをタテにもしない人だ。

14 短期間でイチジルしく進歩する。

15 海にノゾんだながめのよい部屋だ。

16 シバイ用の衣装を着る。

17 物語のあらスジを話す。

18 日本各地のワラベ歌を集めた本を買った。

19 穴をホって種を植える。

20 教会で神にイノりをささげる。

実力チェック!!

本試験型テスト 第12回

140点以上で合格!

制限時間 60分

月　日　/200

解答→別冊 P.42

一

次の——線の**漢字の読み**を**ひらがな**で記せ。

/30　1点×30問

1 **光輝**ある事業を今後も発展させたい。（　）
2 **執刀**医は外科部長だった。（　）
3 書記が他の役職も**兼任**する。（　）
4 平和**祈念**式典に参列する。（　）
5 厳しい**戒律**を守る民族だ。（　）
6 家電**量販**店の間で激しい価格競争が起こる。（　）
7 参加者は低年齢化の**傾向**がある。（　）
8 **反物**を着物にぬい上げる。（　）
9 毎年**恒例**の出初め式を見る。（　）
10 王室**御用達**の店に立ち寄る。（　）
11 天から**賦与**された才能がある。（　）
12 法に**抵触**する可能性がある。（　）
13 弁護側の**尋問**が始まる。（　）

二

次の——線の**カタカナ**にあてはまる漢字をそれぞれの**ア～オ**から**一つ**選び、**記号**を記せ。

/30　2点×15問

1 仕方なく相手に屈**ジュウ**する。
2 間違い防止のため十を**ジュウ**と書く。
3 一角**ジュウ**は伝説の動物だ。

（ア 柔　イ 獣　ウ 拾　エ 縦　オ 従）

4 強烈な色**サイ**に目をうばわれる。
5 通行料金をカード決**サイ**する。
6 長期連**サイ**の漫画を愛読する。

（ア 裁　イ 彩　ウ 載　エ 歳　オ 済）

14 社長に意見を**具申**する。（　　）
15 現状を**淡淡**と語る。（　　）
16 **神妙**な顔つきで現れる。（　　）
17 大学の**被服**科に通っている。（　　）
18 地下組織が**暗躍**した時代があった。（　　）
19 若者の**苦悩**を描いた小説を読む。（　　）
20 政財界に**影響**力を持つ人物だ。（　　）
21 社会のストレスに**耐**える。（　　）
22 連日の熱帯夜で**寝苦**しい。（　　）
23 葉の先端から雨の**滴**が垂れる。（　　）
24 人気は**陰**りを見せ始める。（　　）
25 友人に裏切られ**怒**り心頭に発する。（　　）
26 大地の**恵**みに感謝する。（　　）
27 **嘆**かわしい出来事だった。（　　）
28 犬が**怖**くて逃げ出す。（　　）
29 両手いっぱいに薪を**抱**える。（　　）
30 男の**行方**はようとして知れない。（　　）

7 権力者を**ギ**画化した作品だ。
8 茶柱が立つとは縁**ギ**がいい。
9 **ギ**礼的なあいさつ状を書く。

（ア 起　イ 戯　ウ 義　エ 儀　オ 技）

7	8	9

10 作家に**コウ**料を払う。
11 **コウ**料の入った石けんを使う。
12 連絡事**コウ**をメモする。

（ア 項　イ 香　ウ 攻　エ 稿　オ 更）

10	11	12

13 **ス**き通ったきれいな声だ。
14 そうじ機でホコリを**ス**い取る。
15 それまでの肩書きを**ス**てる。

（ア 好　イ 透　ウ 澄　エ 吸　オ 捨）

13	14	15

三

1〜5の三つの□に**共通する漢字**を入れて熟語を作れ。漢字は**ア〜コ**から**一つ**選び、**記号**を記せ。

/10

2点×5問

1 信□・□天・□視　（　　）

2 多□・分□・□路　（　　）

3 □然・□解・□明　（　　）

4 □味・□情・□旨　（　　）

5 □激・□風・□客　（　　）

ア 岐　イ 釈　ウ 趣　エ 沢　オ 過
カ 刺　キ 仰　ク 征　ケ 主　コ 我

五

次の漢字の**部首**を**ア〜エ**から**一つ**選び、**記号**を記せ。

/10

1点×10問

1 隣 ［ア 米　イ 舛　ウ 阝　エ 夕］（　　）

2 隷 ［ア 示　イ 氺　ウ 士　エ 隶］（　　）

3 務 ［ア 夂　イ ノ　ウ 力　エ 矛］（　　）

4 巡 ［ア 巛　イ 辶　ウ ｜　エ 丶］（　　）

5 旬 ［ア 勹　イ ノ　ウ 口　エ 日］（　　）

6 恥 ［ア 耳　イ 丶　ウ 心　エ 目］（　　）

7 死 ［ア 匕　イ 歹　ウ 夕　エ 一］（　　）

8 誉 ［ア ⺍　イ 八　ウ 言　エ 口］（　　）

9 準 ［ア 氵　イ 十　ウ 隹　エ ノ］（　　）

10 蒸 ［ア 亅　イ 灬　ウ 水　エ 艹］（　　）

四

熟語の構成のしかたには次のようなものがある。

ア 同じような意味の漢字を重ねたもの（永久）
イ 反対または対応の意味を表す字を重ねたもの（苦楽）
ウ 上の字が下の字を修飾しているもの（美人）
エ 下の字が上の字の目的語・補語になっているもの（点火）
オ 上の字が下の字の意味を打ち消しているもの（不足）

次の熟語は右の**ア**～**オ**のどれにあたるか、**一つ**選び、**記号**を記せ。

／20　2点×10問

1 極秘（　　）
2 蓄積（　　）
3 貸借（　　）
4 越境（　　）
5 迎春（　　）
6 未踏（　　）
7 路傍（　　）
8 可否（　　）
9 脱衣（　　）
10 依頼（　　）

六

後の□内のひらがなを漢字に直して□に入れ、**対義語**・**類義語**を作れ。□内のひらがなは一度だけ使い、**一字記入**せよ。

／20　2点×10問

対義語

1 富豪—□民
2 上辺—奥□
3 離反—□合
4 流行—不□
5 供給—□要

類義語

6 面目—肩□
7 寸時—一□
8 薄情—冷□
9 善悪—□非
10 普通—□常

えき　こく　じゅ　じん　ぜ
そこ　たん　ひん　み　わ

七

次の――線のカタカナを漢字一字と送りがな(ひらがな)に直せ。

/10
2点×5問

[例] 家をタテル ⬇ 建てる

1 命がチヂマル思いだ。

2 うまくいくよう取りハカラウ。

3 時間がたつと決意がニブル。

4 兄は常にイソガシイ様子だ。

5 鉄をトカシて鋼にする。

八

文中の四字熟語の――線のカタカナを漢字に直し、一字記入せよ。

/20
2点×10問

1 兄は直情ケイ行な青年だ。

2 ソク戦即決で決着をつける。

3 包装の表面にテン地無用と記す。

4 得意マン面の笑みを浮かべる。

5 物を「作る・壊す」は表リ一体だ。

十

次の――線のカタカナを漢字に直せ。

/40
2点×20問

1 首相は強引にカクギ決定した。

2 ゾウホン数の多い図書館へ行く。

3 仕事が一ダンラクしたら旅行に行く。

4 センレンされたしぐさにあこがれる。

5 ギュウニュウを毎日飲む。

6 ミッペイ容器に入れて保存する。

7 モゾウ紙に進行予定表を書く。

8 就労シエン策に意欲を示す。

9 最後の打席はサンシンに終わった。

10 けがをしてアクリョクが低下した。

6 タン刀直入に問う。

7 有名無ジツ化した制度。

8 比ヨク連理の仲のよい夫婦だ。

9 経営幹部は自ら率先垂ハンすべきだ。

10 前ト多難な人生に船出する。

九

次の各文にまちがって使われている**同じ読みの漢字**が**一字**ある。**上に誤字**を、**下に正しい漢字**を記せ。

/10

2点×5問

1 外国人は他人同士が同じ湯船に入る公集浴場を奇異に感じるだろう。

2 海沿いの旅館で魚介類の珍味に舌つづみを討ちながら杯を交わす。

3 脂肪は、体内に取り込まれた酸素を使って、体を動かす念料を作る。

4 留守番電話に伝言を録音する際は、要点を簡潔にする拝慮が欲しい。

5 建康食品には、含有量の多い順番に原材料が必ず明記されている。

11 ツトめて家の手伝いをする。

12 頭がイタいので休けいする。

13 せめてものツミほろぼしだ。

14 年末年始をノゾき年中無休です。

15 お互い納得できる解決法をサグる。

16 それほど気にヤむ必要はない。

17 小さいころからのユメがかなう。

18 カゲで操っている人物がいる。

19 初夏から晩秋に花がサく。

20 温泉につかるとツカれがとれる。

覚えておきたい 熟字訓・当て字、特別な音訓

熟字訓・当て字

よめるかチェック!

	読み
小豆	あずき
硫※黄	いおう
意気地	いくじ
田舎	いなか
海原	うなばら
乳母	うば
浮つく	うわつく
笑顔	えがお
叔※父	おじ
伯※父	おじ
乙※女	おとめ
叔※母	おば

	読み
老舗	しにせ
芝生	しばふ
三味線	しゃみせん
砂利	じゃり
白髪	しらが
相撲※	すもう
草履※	ぞうり
太刀	たち
立ち退く	たちのく
足袋※	たび
梅雨	つゆ
凸※凹※	でこぼこ

特別な音訓

特別な読みをする熟字訓は、表記された漢字と読みとの間に音声上の関係がないものが多く、覚えていないと読めません。4級の「読み」「書き取り」の問題にもしばしば登場するので覚えておきましょう。

よめるかチェック!

	読み	
遺言	ゆいごん	遺《ユイ》
小唄※	こうた	唄《うた》
仮病	けびょう	仮《ケ》
夏至	げし	夏《ゲ》
象牙※	ぞうげ	牙《ゲ》
街道	かいどう	街《カイ》
胸板	むないた	胸《むな》
境内	けいだい	境《ケイ》
信仰	しんこう	仰《コウ》
機嫌※	きげん	嫌《ゲン》
献※立	こんだて	献《コン》
真紅	しんく	紅《ク》

	読み	
明星	みょうじょう	星《ショウ》
精進	しょうじん	精《ショウ》
静脈	じょうみゃく	静《ジョウ》
石高	こくだか	石《コク》
今昔	こんじゃく	昔《シャク》
一切	いっさい	切《サイ》
早速	さっそく	早《サッ》
未曽※有	みぞう	曽《ソ》
寄贈	きそう	贈《ソウ》
爪※先	つまさき	爪《つま》
弟子	でし	弟《デ》
支度	したく	度《タク》

伯※母	
お巡りさん	おまわりさん
鍛※冶※	かじ
風邪※	かぜ
固唾※	かたず
仮名	かな
為替	かわせ
心地	ここち
早乙※女	さおとめ
差し支える	さしつかえる
五月	さつき
早苗※	さなえ
五月雨	さみだれ
時雨	しぐれ
尻※尾	しっぽ
竹刀	しない

名残	なごり
雪崩※	なだれ
二十 二十歳	はたち
波止場	はとば
日和	ひより
吹雪	ふぶき
土産	みやげ
息子	むすこ
紅葉	もみじ
木綿	もめん
最寄り	もより
大和	やまと
弥※生	やよい
行方	ゆくえ
若人	わこうど

「特別な音訓」のひらがなは訓読み、カタカナは音読みです。※は3級以上の配当漢字

黄金	こがね	黄《こ》
歳暮	せいぼ	歳《セイ》
財布	さいふ	財《サイ》
小児科	しょうにか	児《ニ》
鹿の子	かのこ	鹿《か》
手繰る	たぐる	手《た》
舟遊び	ふなあそび	舟《ふな》
修業	しゅぎょう	修《シュ》
出納	すいとう	出《スイ》
旬	しゅん	旬《シュン》
情緒※	じょうちょ	緒《チョ》
掃※除	そうじ	除《ジ》
神主	かんぬし	神《かん》
仁王	におう	仁《ニ》
天井	てんじょう	井《ショウ》
声色	こわいろ	声《こわ》

稲作	いなさく	稲《いな》
牛丼※	ぎゅうどん	丼《どん》
内裏	だいり	内《ダイ》
納得	なっとく	納《ナッ》
出納	すいとう	納《トウ》
拍子	ひょうし	拍《ヒョウ》
反物	たんもの	反《タン》
彼女	かのじょ	彼《かの》
眉※間	みけん	眉《ミ》
苗※代	なわしろ	苗《なわ》
夫婦	ふうふ	夫《フウ》
奉※行	ぶぎょう	奉《ブ》
坊ちゃん	ぼっちゃん	坊《ボッ》
暴露	ばくろ	暴《バク》
面目	めんぼく	目《ボク》
披※露	ひろう	露《ロウ》

覚えておきたい同音異字

よく出る同音異字を紹介しています。同じ読みの漢字は複数あるので、それぞれの漢字の意味をよく理解して使い分けられるようにしましょう。音が同じで字形もよく似た漢字は、まぎらわしいので要注意です。

書けるかチェック！

読み	意味	漢字
アイショウ	親しみの気持ちをこめて呼ぶ名前。ニックネーム	愛称
	お互いの性格や調子などの合い方	相性
	ある歌や詩を好んでよく歌うこと	愛唱
イギ	重々しく威厳のある動作	威儀
	ある言葉により表される意味や内容。その物事にふさわしい値打ちや重要性	意義
	異なる意味	異義
	他と異なる意見。反対意見	異議
イギョウ	偉大な事業	偉業
	故人がのこした事業や仕事	遺業
イコウ	人が服するような威厳	威光
	どのようにしたいかという考え	意向
	未発表でのこされた故人の原稿	遺稿
イサイ	他とは異なった色合い。ひときわすぐれたようす	異彩
	すぐれた才能、またはその才能を持つ人	偉才

読み	意味	漢字
カンカ	見のがすこと。見すごすこと	看過
	人に影響を与えて、考え方や行動を変えさせること	感化
カンキ	ある地域で、一年中でとくに雨量の少ない季節	乾季
	非常に喜ぶこと	歓喜
カンケツ	完全に終わること	完結
	簡単で要領を得ていること	簡潔
カンゲン	相手の心を引きつけるようなうまい言葉	甘言
	もとの状態に戻《もど》すこと	還元
カンサツ	調査し取り締《し》まること。監視、視察すること	監察
	物事の状態を客観的に注意深く見ること	観察
カンシュウ	書籍《しょせき》の著述・編集を監督《かんとく》すること	監修
	伝統的な行動様式。伝統的なならわし	慣習
	大勢の見物人	観衆
	物事に感じ、心をいためること	感傷

	くわしいこと	委細
イセイ	人を恐れさせる力。元気よく活気あふれること	威勢
	性の異なるもの	異性
	政治を行うこと	為政
イッパツ	鉄砲などを一度うつこと。一回。一つ	一発
	一本の髪の毛。ごくわずかなすき間、すれすれなさま	一髪
カイヒ	会員や出席者が払う金	会費
	よけて避けること	回避
カイホウ	病人などの世話をすること	介抱
	束ばくや制限を取り除き自由にすること	解放
	戸などを開け放すこと。自由に出入りさせること	開放
カクシン	信じて疑わないこと	確信
	改めて新しいものに変えること	革新
カクリツ	事が起こる可能性の度合い	確率
	ぐらつかない制度・組織をうち立てること	確立
カショウ	小さすぎること	過小
	少なすぎること	過少

カンショウ	自然や動植物を見て、その美しさを楽しむこと	観賞
	芸術作品に接して、理解し味わうこと	鑑賞
カンジョウ	物事に対して感じる気持ち	感情
	丸い輪のような形	環状
カンソウ	湿気《しっけ》や水分がないこと。かわくこと	乾燥
	喜びはげまして送ること	歓送
キショウ	寝床からはなれ起きること	起床
	大気の状態	気象
	生まれつきの気質	気性
	きわめて少なく、まれなこと	希少
キセイ	ふるさとに帰ること	帰省
	一定の規則を作り、制限・統制すること	規制
キョウコウ	無理を押し切って強引に行うこと	強行
	強引に攻め立てること	強攻
ケイイ	尊敬の気持ち	敬意
	物事の経過、事情	経緯
ケイカイ	危険などに備えて、あらかじめ用心すること	警戒
	軽やかで動きが素速いこと	軽快

読み	意味	漢字
ケイカン	風景・景色	景観
	警察官のこと	警官
ゲキジョウ	演劇・映画などを客に見せるための建物	劇場
	強く激しい感情	激情
ケッサイ	代金や証券の受け渡しで売買取引を終えること	決済
	権限を持つものが、部下の案の採否を決めること	決裁
ゲンカン	建物の正面出入り口	玄関
	きびしい寒さ	厳寒
ケントウ	だいたいの方向。予想	見当
	がんばって闘うこと	健闘
	物事をいろいろな面からよく調べ考えること	検討
コウセイ	のちの時代	後世
	あとから生まれてくる人	後生
	生活を健康で豊かにすること	厚生
	自ら熱と光を出し、天球上の互いの位置を変えない星	恒星
	間違いを直すこと	更正
	立ち直ること	更生

書けるかチェック!

読み	意味	漢字
シュシ	中心となる考え、内容	主旨
	あることをする目的やねらい、理由。述べようとする中心の事柄	趣旨
ショウカイ	問い合わせること	照会
	未知の人同士を合わせること	紹介
シンショク	しだいに侵し、食い込むこと	侵食
	水や風などの自然現象が、地表を削《けず》り取ること	浸食
	寝ることと食べること	寝食
シンチョウ	注意深く行うこと	慎重
	意味が奥深く、含みのあること	深長
シンニュウ	進み入ること	進入
	他の領域に無理に入ること	侵入
	水が入り込むこと	浸入
シンプ	花嫁《はなよめ》	新婦
	カトリック教会の司祭の尊称	神父
セイカイ	にぎやかな会合	盛会
	正しく解答すること	正解
	政治の世界	政界

コウソウ	構成	各部分を、一つのまとまりのあるものに組み立てること
	高僧	徳や位の高い僧
	高層	空の高い所。層がいくつも重なり高くなっていること
	香草	よい香りのする草
コウハイ	後輩	年齢や経験などが自分よりも少ない人
	高配	相手を敬い、その心配りをいう語。「ごこうはいをたまわる」など
シジ	指示	さし示すこと
	支持	ささえること。その人の意見に賛成し、後援すること
ジタイ	事態	事の成り行き
	辞退	勧めを断ること
シュウシ	収支	収入と支出
	終始	始めと終わり
シュウシン	執心	ある物事に強く心がひかれ、心から離れないこと
	就寝	眠りにつくこと

セイフク	制服	着るよう定められている服装
	征服	武力で支配下におくこと
ゼッコウ	絶交	交際を絶つこと
	絶好	非常によいこと
ゼッタイ	絶対	他に並ぶものや比較するものがないこと
	絶体	身体の終わり。「ぜったい絶命」どうしても逃れようのない、追いつめられた状態のこと
タイショウ	対照	二つの物事を比べること
	対象	心の働きや行為の目当てとなるもの。目当て。目標。相手
	対称	向き合う位置にあること。つりあっていること
タイセイ	態勢	物事に対する身構え
	体制	社会組織のしくみ
	体勢	体の構え。姿勢
	大勢	物事の傾向、成り行き
	大成	立派に成し遂《と》げること。優れた人物となること
チョクシャ	直写	ありのままを写すこと
	直射	まっすぐに照らすこと

読み	意味	漢字
テイショク	決まった職業	定職
	法律や規律に反すること	抵触
テキカク	的をはずれず確かなこと	的確
	必要な資格を備えていること	適格
テンカ	別の物を加えること	添加
	別の状態や物に変化すること	転化
テンカイ	繰り広げること	展開
	方向を大きく変えること	転回
テンジョウ	部屋の上部の板をはった部分、上部の壁	天井
	係員が世話・案内のために付き添って乗り物に乗ること	添乗
	宮殿の中	殿上
トウシ	利益を得る目的で資金を投下すること	投資
	すかして見ること	透視
	戦おうとする意志	闘志
	戦闘の場で戦う人。主義・主張のために戦う人	闘士
ドクソウ	独自の考えでつくり出すこと	独創
	ひとりで演奏すること	独奏

書けるかチェック!

読み	意味	漢字
ヒナン	災難を避けて、別の場所へ立ち退くこと	避難
	人の欠点や過ちを責めること	非難
フキュウ	広く行き渡ること	普及
	急いでする必要のないこと	不急
	腐ること。朽ち果てること	腐朽
	のちの世まで残ること	不朽
フジン	他人の妻の丁寧《ていねい》な呼び方	夫人
	成人した女の人	婦人
	戦いの陣を構えること	布陣
ヘイコウ	並んで行くこと。それぞれが同時に行われること	並行
	二直線がいくら延長しても交わらないこと	平行
	ひどく困らされること	閉口
ヘンカク	正規の格式・規格からはずれていること	変格
	物事を変え、新しくすること	変革
ホウフ	心の中に抱いている計画や決意	抱負
	たくさんある様子	豊富
ホケン	損害をつぐなう保証	保険
	健康を保つこと	保健

読み	意味	漢字
ハクシャ	馬具の一つ。「はくしゃをかける」力を加えて物事の進行を一段と早めること	拍車
	わずかの謝礼	薄謝
ハモン	水面に物が落ちたときに生じる輪。次々と周囲に動揺《どうよう》を与えていくような影響	波紋
	師弟の関係を絶ち、門下から除くこと	破門
ハンエイ	反射してうつること。影響が及んで、表面に現れること	反映
	栄えること	繁栄
ヒカク	比べること	比較
	動物の皮を加工したもの	皮革
ヒカン	寒さを避けること	避寒
	思うようにならないため、悲しんで失望すること	悲観
ヒガン	春分の日・秋分の日をそれぞれ中日とする各七日間	彼岸
	成し遂《と》げたいという、心の底からの大きな願い	悲願
ヒッシ	死をも覚悟《かくご》するほど、全力を尽くすこと	必死
	必ずそうなること	必至

読み	意味	漢字
ホシュウ	壊れたところをつくろうこと	補修
	学んだことを補う学習や授業	補習
ホショウ	確かだ、大丈夫だとうけあうこと	保証
	状態を保護して危害がないようにすること	保障
ホドウ	舗装した道路	舗道
	人が歩くための道	歩道
	悪い方向へ行かないように教え導くこと	補導
ミトウ	まだだれも行き着いていないこと	未到
	まだだれも足を踏み入れていないこと	未踏
ムジョウ	永遠に変わらないものはないということ	無常
	思いやりのないこと	無情
ムテキ	濃霧時、安全のために鳴らす汽笛	霧笛
	対抗できるものがいないほど強い様子	無敵
ヨウイ	たやすくかんたんなこと	容易
	前もって必要な物や環境を整えておくこと	用意
ヨウリョウ	物事の要点	要領
	入れ物に入れることができる分量	容量
	使用すべき薬の一定量	用量

覚えておきたい部首

「部首」は漢字の字義を表す部分。ある字の意味を理解するには、その部首を理解することが大切です。部首をまちがえやすい漢字をあげているので、参考にしてください。

漢字	及	幾	鬼	奇	含	監	奥	威
誤	夂	戈	儿	口	入	臣	米	戈
正	又	幺	鬼	大	口	皿	大	女
(部首名)	また	よう いとがしら	おに	だい	くち	さら	だい	おんな

漢字	彩	豪	更	互	鼓	玄	恵	巨
誤	爫	亠	一	彑	豆	亠	田	匚
正	彡	豕	曰	二	鼓	玄	心	工
(部首名)	さんづくり	ぶた いのこ	ひらび いわく	に	つづみ	げん	こころ	え たくみ

漢字	替	丈	詳	盾	巡	旬	載	歳
誤	大	ノ	羊	厂	辶	勹	戈	戈
正	曰	一	言	目	巛	日	車	止
(部首名)	ひらび いわく	いち	ごんべん	め	かわ	ひ	くるま	とめる

漢字	匹	髪	突	唐	怒	珍	恥	丹
誤	儿	彡	大	广	女	彡	耳	一
正	匸	髟	穴	口	心	王	心	丶
(部首名)	かくしがまえ	かみがしら	あなかんむり	くち	こころ	おうへん たまへん	こころ	てん

漢字	隷	慮	粒	誉	黙	凡	舗	腐	浮
誤	示	田	立	⺍	灬	丶	人	广	爫
正	隶	心	米	言	黒	几	舌	肉	氵
(部首名)	れいづくり	こころ	こめへん	げん	くろ	つくえ	した	にく	さんずい

漢字	夢	率	常	幹	奮	垂	蒸	暦
誤	艹	亠	⺌	人	隹	十	灬	厂
正	夕	玄	巾	干	大	土	艹	日
(部首名)	た ゆうべ	げん	はば	かん いちじゅう	だい	つち	くさかんむり	ひ

覚えておきたい 四字熟語

四字熟語は二字の熟語を二つ適当に重ねて作られたものがほとんどですが、故事・成語の四字熟語の場合はとくに注意が必要です。熟語の成り立ちから考えて、深い意味と人生への教訓を味わってほしいものです。

漢字をチェック！

読み	四字熟語	意味
あ		
あいえんきえん	合縁奇縁	人と人の不思議な巡り合わせの縁。「合」は「愛」「相」、「奇」は「機」とも書く。
あいべつりく	愛別離苦	親子、兄弟、夫婦など、愛する人との別れのつらさ、悲しさ。
あおいきといき	青息吐息	心配や苦労のあまり心身が弱ったときに吐くため息。また、ため息の出るような状態。
あくぎゃくむどう	悪逆無道	人道にはなはだしくそむいた、悪い行い。「無道」は「ぶどう」「ぶとう」とも読む。
あくじせんり	悪事千里	とかく悪い行いや評判は、すぐに広く知れわたるということ。
あくせんくとう	悪戦苦闘	強敵に対する非常に苦しい戦い。困難に打ち勝とうと苦労しながら努力すること。
あっこうぞうごん	悪口雑言	口にまかせていろいろ悪口を言うこと。また、その言葉。
あんうんていめい	暗雲低迷	前途多難な状態が続くこと。また、雲が低くたれこめ、なかなか晴れそうにないこと。
あんしんりつめい	安心立命	心を安らかに保ち、どんな場合でも心を乱されないこと。
あんぜんほしょう	安全保障	外国からの攻撃などに対し、国家の安全を保障すること。
い		
いきしょうちん	意気消沈	元気がなくしょげ返っていること。失望してがっかりしていること。
いきとうごう	意気投合	心持ちが互いにぴったりと合い、一つになること。
いくどうおん	異口同音	大勢の人々が口をそろえて同じことを言うこと。多くの人の意見が一致すること。

読み	四字熟語	意味
いしけんご	意志堅固	考えや志がしっかりしていること。
いしはくじゃく	意志薄弱	意志の力が弱くて、がまんや決断ができないこと。類語に「優柔不断」がある。
いしょくどうげん	医食同源	日常の食生活に注意することが、一番の病気予防の策になるということ。
いしんでんしん	以心伝心	考えや思っていることが言葉を使わずに、互いの心から心に伝わること。
いちいせんしん	一意専心	他に心をうばわれず、そのことだけに目を向けて心を注ぐこと。
いちいたいすい	一衣帯水	互いの関係が非常に近しいこと。
いちじつせんしゅう	一日千秋	「一日」は「いちにち」とも読む。大変待ち遠しい気持ち。
いちぞくろうとう	一族郎党	一家や一族など自分たちと血のつながりのあるものとその家来のこと。
いちびょうそくさい	一病息災	多少気になるくらいの軽い病を持っていたほうが、無理をせず長生きするということ。
いちぶしじゅう	一部始終	はじめから終わりまで。事の詳細すべて。
いちぼうせんり	一望千里	非常に見晴らしがよいこと。ひと目で遠くまで見晴らせること。
いちまいかんばん	一枚看板	団体の中や、多くの人の中の中心となる人。
いちもうだじん	一網打尽	一度に悪党の一味や敵対する者すべてをとらえつくすこと。

漢字をチェック!

	読み		意味
い	いっきょいちどう	一挙一動	ちょっとしたしぐさのこと。ひとつひとつのふるまいやしぐさ。
	いっきょりょうとく	一挙両得	一つの行為で二つの利益をあげること。「一挙」は一つの動作。
	いっこくせんきん	一刻千金	わずかなひとときが、千金の値打ちがあるくらい貴重であること。
	いっしどうじん	一視同仁	差別することなくすべての人を平等に見て一様に愛すること。
	いっしゅくいっぱん	一宿一飯	一晩泊めてもらい、食事を一食ごちそうになること。
	いっしょくそくはつ	一触即発	ちょっと触れ合うだけで爆発しそうな、非常に切迫している状態。
	いっしんいったい	一進一退	進んだり、退いたりすること。状況が良くなったり、悪くなったりすること。
	いっしんふらん	一心不乱	一つのことに集中して心を乱さないこと。類語に「一意専心」がある。
	いっちだんけつ	一致団結	多くの人がひとつの目的のためにまとまり協力しあうこと。
	いっちはんかい	一知半解	物事を半分だけ理解していること。なまはんかな知識や理解。
	いっとうりょうだん	一刀両断	一太刀で物を真っ二つに切る。すばやく物事を処理したり、解決したりすること。
	いふうどうどう	威風堂堂	重々しくどっしりと威厳に満ちているようす。
	いみしんちょう	意味深長	人の行動や言葉、詩文などの意味が深く、ふくみがあること。
	いんがおうほう	因果応報	過去における善悪の業に応じて、現在における幸不幸の果報が生じること。
う	ういてんぺん	有為転変	世の中は常に移り変わり一定でないこと。「転変」は「てんぺん」とも読む。

	うんさんむしょう	雲散霧消	雲や霧が風や太陽の光にあたって消えうせるように、あとかたもなく消えること。
え	えんめいそくさい	延命息災	命をのばして災いを取り去る。「延命」は「えんみょう」とも読む。
お	おめいへんじょう	汚名返上	悪い評判のある状態から巻き返しを図ること。「汚名」は悪い評判のこと。
	おんこちしん	温故知新	古いものをたずね求めて新たな意味を知ること。「温」はたずね求めること。
	おんしんふつう	音信不通	手紙や電話などの連絡が何もないこと。
	おんとろうろう	音吐朗朗	声が豊かではっきりとしているさま。「音吐」は声の出し方。
か	かいがいとこう	海外渡航	航空機や船で海外へ出かけること。
	がいこうじれい	外交辞令	口先だけのお世辞。うわべだけのお愛想のこと。
	かちょうふうげつ	花鳥風月	自然の美しい景色や風流な遊び。
	かんきょうほぜん	環境保全	自然の環境を保護し維持すること。
き	ききいっぱつ	危機一髪	髪の毛一本ほどのわずかな違いで、非常に危険な状態になりそうな瞬間、状況のこと。
	ききゅうそんぼう	危急存亡	危険がせまっていて、生き残るかほろびるかのせとぎわであること。
	きしかいせい	起死回生	今にも死にそうな病人を生き返らせること。崩《ほう》壊寸前の状態から好転させること。
	きしょうてんけつ	起承転結	文章の組み立て方や、物事の順序のこと。
	きしょくまんめん	喜色満面	顔中に喜びの表情があふれているさま。「色」は表情、「満面」は顔全体のこと。

ぎしんあんき	疑心暗鬼	疑う心があると、なんでもないことまであやしく感じられるようになること。
きそうてんがい	奇想天外	普通の人には思いつかないような、大変変わった考え。
ぎゅういんばしょく	牛飲馬食	牛が水を飲み、馬が草を食べるように、たくさん飲んだり食べたりすること。
きゅうたいいぜん	旧態依然	昔からの状態がそのまま続き、少しも変化、進歩しないさま。
きゅうてんちょっか	急転直下	物事の様子、なりゆきが急に変わって、解決に向かうこと。
きょうきらんぶ	狂喜乱舞	非常に喜ぶさま。
きょうぞんきょうえい	共存共栄	ともに助け合い、ともに栄えること。「共存」は「きょうそん」とも読む。
きょうてんどうち	驚天動地	天を驚かし、地を動かす意で、世間を大いに驚かすこと。
ぎょくせきこんこう	玉石混交	すぐれたものと劣ったものが入り混じっていること。
きんかぎょくじょう	金科玉条	金や玉のように大切な法律。一番重要な規則。
きんじょうてっぺき	金城鉄壁	金や鉄のような城壁を持つ堅固な城。転じて、物事が非常に堅固であることのたとえ。
く		
くうぜんぜつご	空前絶後	過去に比べられる例がなく、将来にもないと思われるほど、非常にまれなさま。
け		
けんあいむし	兼愛無私	自他の区別なく、広く人を愛すること。
げんこういっち	言行一致	言葉と行動が食い違わないこと。類語に「有言実行」がある。
げんじょういじ	現状維持	現在の状況がそのまま変化しないこと。類語に「現状保持」がある。

げんせいちゅうりつ	厳正中立	どちらか片方にかたよることなく、厳しく中立の立場を守ること。
こ		
こううんりゅうすい	行雲流水	物事にとらわれず自然のなりゆきにまかせて生きること。
こうがんむち	厚顔無恥	あつかましく恥知らずなさま。
こうきとうらい	好機到来	ちょうどよい機会がくること。絶好の機会にめぐまれること。
こうじょりょうぞく	公序良俗	公共の秩《ちつ》序と、善良な風俗。
こうへいむし	公平無私	すべての判断、行動などがかたよらず、個人的な感情、利益などを一切加えないさま。
こうめいせいだい	公明正大	公正でかくしだてをせず、私心がないこと。類語に「公平無私」「大公無私」がある。
ごくあくひどう	極悪非道	人として行う道にははなはだしくそむいた、悪い行い。
ここんとうざい	古今東西	いつでも、どこでも。「古今」はいつでも、「東西」はどこでも。
こじらいれき	故事来歴	昔から伝えられてきた物事についてのいわれや経過。「古事」とも書く。
こはるびより	小春日和	晩秋から初冬のころの、春のように暖かくおだやかに晴れた天気。
ごりむちゅう	五里霧中	霧が深く方向がつかめないこと。現状がつかめず、方針を立てる手がかりがない状態。
ごんごどうだん	言語道断	あまりのひどさにあきれて言葉も出ないこと。「道断」は言葉にならないという意。
さ		
さいしょくけんび	才色兼備	すぐれた才能を持ち美ぼうもかね備えている女性。「才色」は「さいしき」とも読む。
さんかんしおん	三寒四温	冬の時期、寒い日が三日続き、そのあと暖かい日が四日続くこと。

さ　し

読み	漢字をチェック!	意味
さんしすいめい	山紫水明	山が陽光を受けて紫色に映え、流れる川の水は澄んで清らかなこと。
じがじさん	自画自賛	自分のことを自分でほめること。「賛」は絵画に書きそえる詩文で通常は他人が書く。
じきゅうじそく	自給自足	必要なものを自分でまかなって、足りるようにすること。
じじつむこん	事実無根	根も葉もないこと。事実に基づいていないこと。でたらめ。
じせつとうらい	時節到来	よい機会がやってくること。
じだいしゅぎ	事大主義	自分の信念を持たず、強いものに迎合して自己保身を図る態度や考え。
したさきさんずん	舌先三寸	口先でうまいことを言って誠実さに欠け、中身がないこと。
しちてんはっき	七転八起	失敗を重ねても、くじけることなく奮起すること。「七転び八起き」の漢語表記。
しちてんばっとう	七転八倒	苦痛のためにのたうちまわること。
しちなんはっく	七難八苦	いろいろな困難や多くの苦悩。仏教語で、七つの災いと八つの苦しみのこと。
しつぎおうとう	質疑応答	質問と、それに対する答え。
じゃくにくきょうしょく	弱肉強食	弱いものが強いものに食われること。生存競争の激しさをいう。
じゅうおうむじん	縦横無尽	この上なく自由自在で、思う存分にふるまうこと。類語に「自由自在」がある。
しゅうじんかんし	衆人環視	多くの人が取り巻いて見ていること。物事が白日のもとにさらされることにもいう。
しゅうちゅうごうう	集中豪雨	局地的に、短時間に激しく大量に降る雨。

読み	漢字	意味
しゅかくてんとう	主客転倒	人や物事の軽重が逆になること。「主客」は「しゅきゃく」とも読む。
じゅくりょだんこう	熟慮断行	じっくり考えた上で思い切って実行すること。
しゅっしょしんたい	出処進退	とどまるか否かの自分の身の振り方。
じょういかたつ	上意下達	上の者の意志や命令を、下の者によく徹底させること。
しょうしせんばん	笑止千万	非常にくだらなくて、ばかばかしいこと。「千万」はこの上なくひどいこと。
しょうしんよくよく	小心翼翼	気が小さくてびくびくしているさま。慎重なさま。
しょぎょうむじょう	諸行無常	この世のすべてのものは常に変化するということ。
しらかわよふね	白河夜船	知ったかぶり。また、何も気がつかないほどぐっすり寝入っているさま。
じりきこうせい	自力更生	他人に頼らず、自分の力で生活を改めていくこと。
しりしよく	私利私欲	自分の利益だけを考えて行動しようと欲すること。
しりょふんべつ	思慮分別	よく考えて判断すること。また、その能力。類語に「熟慮断行」がある。
じんかいせんじゅつ	人海戦術	多数の人員を投じて仕事を完成させること。
しんきいってん	心機一転	あることをきっかけとして、気持ちをすっかり入れかえて出直すこと。
しんけんしょうぶ	真剣勝負	本気で勝負すること。本気で物事に取り組むこと。
じんじふせい	人事不省	病気やけがなどで意識を失う。こんすい状態におちいる。類語に「前後不覚」がある。

しんしょうひつばつ	信賞必罰	ほめることと、罰することのけじめを厳正にすること。
しんしょうぼうだい	針小棒大	針のように小さなことを、棒ほどもあったように大きくいうこと。
しんしんきえい	新進気鋭	新たに参加したばかりで非常に意気込んでおり、勢いが盛んなこと。また、その人。
じんせきみとう	人跡未踏	いまだかつて、人が足を踏み入れたことのないこと。
じんめんじゅうしん	人面獣心	人間らしい心を持たない人のこと。顔は人間であるが、心は獣であるという意から。

せ

せいこううどく	晴耕雨読	晴れた日は田畑を耕し雨が降れば家にこもって読書し、気の向くままに生活すること。
せいてんはくじつ	青天白日	よく晴れた天気。転じて、心にやましさも後ろめたさもなく、潔白であること。
せいとうぼうえい	正当防衛	危険が迫る状況で、自分や他人を守るためにやむを得ず行う加害行為。
せいふうめいげつ	清風明月	夜の静かで清らかなたたずまいの形容。清らかな美しい自然の形容。
ぜったいぜつめい	絶体絶命	せっぱ詰まってどうにも逃れられない困難な状態。
ぜひきょくちょく	是非曲直	物事の善悪。正と不正。
ぜひぜんあく	是非善悪	物事のよしあし。類語に「是非曲直」「理非曲直」がある。
ぜんごふかく	前後不覚	物事の後先の判断がつかなくなるほど正気を失うこと。
ぜんじんみとう	前人未到	今までだれも到達していないこと。「未到」は「未踏」とも書く。
ぜんとたなん	前途多難	将来に多くの困難が待ち受けていると予想されること。
ぜんとゆうぼう	前途有望	将来に大いに見込みがあること。類語に「前途有為」「前途洋洋」がある。
せんりょのいっしつ	千慮一失	知者の考えの中にも一つぐらいは間違いがあるということ。
ぜんりんゆうこう	善隣友好	隣国や隣家などに友情を持つこと。外交上、友好関係を結ぶこと。

そ

そういくふう	創意工夫	ものを新たに考え出したり、いろいろな手段を見つけ出したりすること。
そくせんそっけつ	速戦即決	長期戦をさけ、勝負を一気に決すること。物事の決着をすみやかにつけること。
そくだんそっけつ	即断即決	間をおかずに決断すること。対語に「優柔不断」がある。
そっせんすいはん	率先垂範	先頭に立って積極的に行動し模範を示すこと。「垂範」は手本を示す意。

た

たいきばんせい	大器晩成	偉大な人物は、若いころは目立たずゆっくりと実力を養い晩年に大成するということ。
だいどうしょうい	大同小異	多少の違いはあるが、ほぼ同じであること。似たり寄ったり。
たじたたん	多事多端	仕事や事件が多くて忙しいこと。類語に「多事多忙」がある。
たじたなん	多事多難	事件が多く、困難なことが多いこと。
たきぼうよう	多岐亡羊	方針が多すぎてどうしたらよいのか迷うこと。「多岐」はたくさんの分かれ道の意。
たんとうちょくにゅう	単刀直入	たった一本の刀で敵の中に切りこむことから、前置きなしにいきなり要点に入ること。

ち

ちゅうやけんこう	昼夜兼行	昼も夜も休まずに進むこと。転じて、仕事などを続けて行うこと。
ちょくじょうけいこう	直情径行	感情のおもむくままに行動に移すこと。「直」も「径」もまっすぐの意。

漢字をチェック！

	読み		意味
ち	ちんし もっこう	沈思黙考	静かにじっとして、深く考えこむこと。
て	てきざい てきしょ	適材適所	その人の才能、能力に適した仕事を与えること。「材」は才能のこと。
	てきしゃ せいぞん	適者生存	環境に適した者が生き残り、適さない者はほろびること。
	でんこう せっか	電光石火	稲妻の光や火打ち石から出る火花。非常に短い時間。また、行動がきわめて速いこと。
	てんち むよう	天地無用	中に壊れやすいものが入っているので、荷物の上下を逆にしてはいけない意。
	てんぺん ちい	天変地異	雷、暴風、地震など、自然界に起こる異変。類語に「天変地変」がある。
と	とうい そくみょう	当意即妙	その場にふさわしいタイミングで即座の機転をきかすこと。
	どうこう いきょく	同工異曲	見かけは違うようでも内容は似たり寄ったりであること。
	どうしょう いむ	同床異夢	いっしょに暮らしてはいるが、別々のことを考えている状態。
	とくい まんめん	得意満面	望み通りになって満足した気持ちが顔いっぱいにあらわれるようす。
な	なんこう ふらく	難攻不落	守りが堅く攻め落としにくい。相手がなかなかこちらの思い通りにならないこと。
に	にそく さんもん	二束三文	二束でわずか三文の意。多くは、捨て売りの場合の値段をいう。
	にっしん げっぽ	日進月歩	日ごと月ごとに、つねに進歩していくこと。
は	はくらん きょうき	博覧強記	広く書物を読みそのことを記憶していること。「博覧」は物事をよく聞き知ること。
	はくり たばい	薄利多売	利益を少なくして、多く売ること。
	ばじ とうふう	馬耳東風	他人からの意見や批判に無関心で、注意を払わないこと。「東風」は心地よい春風。
	はっぽう びじん	八方美人	だれからも良く思われようとして愛想よくふるまうこと。また、そのような人。
	はんしん はんぎ	半信半疑	真意を疑い、決めかねること。
	はんめん きょうし	反面教師	悪い見本として反省材料となる物事。また、そのような人。
ひ	びじ れいく	美辞麗句	美しく飾ったたくみな言葉。主にお世辞を言うための言葉や言いまわし。
	ひゃっき やこう	百鬼夜行	悪人どもが自分勝手なふるまいをすること。「夜行」は「やぎょう」とも読む。
	ひょうり いったい	表裏一体	相反するように見える二つのものが、根本では一つにつながっていること。
	ひよく れんり	比翼連理	男女・夫婦の愛情の深いこと。
	ひんこう ほうせい	品行方正	行い、行状がきちんとして正しいこと。
ふ	ふえき りゅうこう	不易流行	いつまでも変化をしない本質的なものを忘れない中にも新しい変化を取り入れること。
	ふか こうりょく	不可抗力	人の力では防ぎきれない外部からの力。
	ふくざつ たき	複雑多岐	物事が多くの方面に分かれていて、とても入り組んでいること。
	ふげん じっこう	不言実行	理屈を言わず、だまって実行すること。
	ふそく ふり	不即不離	つかず離れずの関係を保つこと。
	ふみん ふきゅう	不眠不休	眠らず、休まないこと。せっぱ詰まった状態のときに必死に努めるさま。

	読み	四字熟語	意味
	ふわらいどう	付和雷同	自分なりの確固とした考えを持たず、他人の説や判断に軽々しく同調すること。
	ぶんぶりょうどう	文武両道	学問と武芸の両方。
へ	へいしんていとう	平身低頭	ひたすら謝ること。非常に恐縮してへりくだること。
ほ	ほうふくぜっとう	抱腹絶倒	腹をかかえて倒れるほど大笑いするさま。
	ほんまつてんとう	本末転倒	根本の大切なことと枝葉のつまらないことを取り違えること。
ま	まいちもんじ	真一文字	「一」の字のようにまっすぐなこと。一直線であること。
み	みょうけいきさく	妙計奇策	人の意表をついた奇抜ですぐれたはかりごと。
む	むいむさく	無為無策	有効な手立てが何もないまま、何もできずに手をこまぬいていること。
	むがむちゅう	無我夢中	何かに心を奪われ、我を忘れて行うさま。
	むびょうそくさい	無病息災	病気をせず、健康であること。
	むみかんそう	無味乾燥	少しもおもしろみや味わいのないこと。「無味」は内容がないこと。
め	めいきょうしすい	明鏡止水	くもりのない鏡と静かな水面。転じて、心にくもりがなく静かに落ち着いているさま。
	めいじついったい	名実一体	表向きの評判と内容が一致していること。
	めいしょきゅうせき	名所旧跡	美しい景色で名高い場所と、歴史のおもかげをとどめる場所。
	めんじゅうふくはい	面従腹背	表面上は従うふりをして、内心では反抗していること。
も	もんどうむよう	問答無用	議論をしても、なんの利益もないこと。
ゆ	ゆうじゅうふだん	優柔不断	決断力に欠け、いつまでもぐずぐずしていること。
	ゆうしょうれっぱい	優勝劣敗	優れているものが勝ち、劣っているものが負けるという原則。
	ゆうめいむじつ	有名無実	名ばかりで、実質がともなわないこと。評判と実際とが違っていること。
	ゆだんたいてき	油断大敵	注意をおこたれば、必ず失敗を招くから警戒せよといういましめ。
よ	よういしゅうとう	用意周到	用意が整って抜かりのないこと。「用意」は心配り、「周到」は手落ちのないこと。
	ようしたんれい	容姿端麗	姿、形がきちんとととのっていて美しいこと。
り	りきせんふんとう	力戦奮闘	力いっぱい努力すること。
	りごうしゅうさん	離合集散	離れたり集まったりすること。また、そのくり返し。
	りっしんしゅっせ	立身出世	社会的な地位を確立して名をあげること。
	りひきょくちょく	理非曲直	物事のよしあし。類語に「是非曲直」「是非善悪」がある。
	りろせいぜん	理路整然	話や物事の筋道が、きちんと整っている様子。
	りんきおうへん	臨機応変	その場に臨み、変化に応じて最も適当な手段をとること。また、そのさま。
ろ	ろうせいえんじゅく	老成円熟	経験が豊富で、人格、知識、技能などが十分に熟練して豊かな内容をもっていること。
	ろんしめいかい	論旨明快	議論の主旨や筋道がはっきりしていてわかりやすいこと。対語に「論旨不明」がある。

本書記載の情報は制作時点のものです。受検をお考えの方は、必ずご自身で下記の公益財団法人 日本漢字能力検定協会の発表する最新情報をご確認ください。

公益財団法人 日本漢字能力検定協会

【ホームページ】 https://www.kanken.or.jp/

＜本部＞ 京都市東山区祇園町南側 551 番地

TEL：(075)757－8600　FAX：(075)532－1110

ホームページにある「よくある質問」を読んで該当する質問がみつからなければメールフォームでお問合せください。電話でのお問合せ窓口は 0120－509－315（無料）です。

◆「漢検」「漢字検定」は公益財団法人 日本漢字能力検定協会の登録商標です。

本書に関する正誤等の最新情報は、下記のアドレスでご確認ください。
https://www.seibidoshuppan.co.jp/info/kakikomi-kanken4-2402

◉ 上記アドレスに掲載されていない箇所で、正誤についてお気づきの場合は、書名・質問事項・氏名・住所（または FAX 番号）を明記の上、**成美堂出版**まで**郵送**または **FAX** でお問い合わせください。**お電話でのお問い合わせはお受けできません。**

◉ 内容によってはご質問をいただいてから回答を発送するまでお時間をいただくこともございます。

◉ 本書の内容を超える質問等にはお答えできませんので、あらかじめご了承ください。

よくあるお問い合わせ

Q 持っている辞書に掲載されている部首と、本書に掲載されている部首が違いますが、どちらが正解でしょうか？

A 辞書によっては、部首としているものが異なることがあります。**漢検の採点基準では、「漢検要覧2～10級対応 改訂版」(日本漢字能力検定協会発行)で示しているものを正解としています**ので、本書もこの基準に従っています。そのためお持ちの辞書と部首が異なることがあります。

書き込み式 漢字検定４級問題集

編　著　成美堂出版編集部

発行者　深見公子

発行所　成美堂出版
〒162-8445　東京都新宿区新小川町1-7
電話(03)5206-8151　FAX(03)5206-8159

印　刷　大盛印刷株式会社

ISBN978-4-415-23272-0

落丁･乱丁などの不良本はお取り替えします
定価はカバーに表示してあります

別冊

解答・解説

本冊P.10からはじまる練習問題の解答・解説

本冊P.64からの本試験型テストの解答・解説

- 解答は、常用漢字および常用漢字音訓表の読みで答えてください。それ以外の漢字・読みで答えると、正答とは認められません。
- 部首は、辞書や参考書によって多少違いがあります。本書では『漢検要覧２～10級対応 改訂版』(日本漢字能力検定協会発行)によります。
- 解答が複数ある場合は、どれか1つを書けば正解になります。

矢印の方向に引くと別冊が外れます

書き込み式 漢字検定4級問題集

成美堂出版

コピーして使える答案用紙

一 読み (30)

1	2	3	4	5	6	7	8	9	10	11	12	13	14

二 同音・同訓異字 (30)

1	2	3	4	5	6	7	8	9	10

四 熟語の構成 (20)

1	2	3	4	5	6	7	8	9	10

六 対義語・類義語 (20)

1	2	3	4	5

6	7	8	9	10

七 漢字と送りがな (10)

1	2

九 誤字訂正 (10)

	1	2	3	4	5
誤					
正					

十 書き取り (40)

1

11

学習日
月 日

／200

30	29	28	27	26	25	24	23	22	21	20	19	18	17	16	15

15	14	13	12	11

三 漢字識別 (10)

5	4	3	2	1

五 部首 (10)

10	9	8	7	6	5	4	3	2	1

5	4	3

八 四字熟語 (20)

5	4	3	2	1

10	9	8	7	6

10	9	8	7	6	5	4	3	2

20	19	18	17	16	15	14	13	12

第２章「本試験型テスト」の答案用紙です。くり返し学習したい人は、このページをコピーして使ってください。

すぐにチェック!! 練習問題【解答・解説】

問題は本冊P10~12

練習問題 1 読み

グレーの部分は解答の補足です。

1 あくしゅ
2 あつかう
3 いぜん
4 いりょく
5 こうい
6 いだい
7 そうい
8 いじ
9 いど
10 いちまんえん
11 さといも
12 ひかげ
13 かくして
14 とうえい
15 えいい

16 こし
17 おうえん
18 えん突《とつ》
19 なまりいろ
20 えんぎ
21 よごして
22 おさえる
23 おくば
24 おくそく
25 せいか業《ぎょう》
26 ひま
27 かしょ
28 ゆうが
29 にぎり飯《めし》

3「依然《いぜん》」は、前と同じで変わらないさま。

7「相違《そうい》」は、二つのものが同じではないこと。

14「投影《とうえい》」は、物の見え方や解釈のしかたに、心の内面が表現されること。

24「憶測《おくそく》」は、物事の事情や人の心をいいかげんにおしはかること。「臆測《おくそく》」とも書く(「臆《おく》」は2級配当漢字)。

練習問題 2 書き取り

グレーの部分は解答の補足です。

1 握力《あくりょく》
2 扱《あつか》い
3 依存《いぞん》
4 権威《けんい》
5 偉業《いぎょう》
6 違反《いはん》
7 維新《いしん》
8 経緯《けいい》
9 芋《いも》
10 陰気《いんき》

11 隠居《いんきょ》
12 面影《おもかげ》
13 精鋭《せいえい》
14 越冬《えっとう》
15 支援《しえん》
16 砂煙《すなけむり》
17 鉛筆《えんぴつ》
18 縁《ふち》
19 汚水《おすい》
20 押《お》す

21 奥底《おくそこ》
22 記憶《きおく》
23 和菓子《わがし》
24 休暇《きゅうか》
25 箇条《かじょう》書《が》き
26 雅楽《ががく》
27 偉《えら》い
28 越《こ》える
29 汚《よご》れ

5「偉業《いぎょう》」は、すぐれた仕事。偉大な事業。

8「経緯《けいい》」は、物事の詳しい筋道。

11「隠居《いんきょ》」は、仕事から退いて静かに暮らすこと。

13「精鋭《せいえい》」は、強くて鋭利なこと。えり抜きの優れた人や兵士。

25「箇条書《かじょうが》き」は、事柄を分けて書き並べること。

練習問題 3 同音・同訓異字

グレーの部分は解答の補足です。

1 エ 依
2 オ 威
3 ウ 緯

4 ウ 援
5 オ 煙
6 ア 縁

7 ア 菓
8 イ 暇
9 ウ 箇

練習問題 4 部首

グレーの部分は解答の補足です。

1 ア 女 おんな
2 ウ 灬 れんが れっか
3 ア 士 さむらい
4 イ 艹 くさかんむり
5 ウ 彡 さんづくり
6 ア 走 そうにょう

7 ウ 火 ひへん
8 イ 大 だい
9 エ 忄 りっしんべん
10 エ 日 ひへん
11 ア ⺮ たけかんむり
12 ア 隹 ふるとり

学習ドリル2 すぐにチェック!! 練習問題【解答・解説】

問題は本冊P14～16

練習問題1 読み

グレーの部分は解答の補足です。

1 かいにゅう
2 げんかい
3 かいむ
4 はかい
5 ひかく
6 かくとく
7 まるがり
8 あまく
9 はっかん
10 かんでんち
11 すすめる
12 かんせい
13 かんしゅう
14 いっかん
15 かんしょう
16 がんゆう
17 きい
18 きがん
19 おに
20 きか学《がく》
21 かがやく
22 ちきゅうぎ
23 じぎ
24 つまる
25 きゃっか
26 あし
27 きゅうだい点《てん》
28 ささきゅう
29 ふきゅう

2「厳戒《げんかい》」は、厳重に警戒すること。

14「一環《いっかん》」は、つながっている鎖の中の一つの輪のように、互いにつながりをもつ事柄の中の一つ。

23「児戯《じぎ》」は、子どもの遊びのこと。

29「不朽《ふきゅう》」は、いつまでもくちないこと。その価値を失わず、後世まで長く残ること。

練習問題2 書き取り

グレーの部分は解答の補足です。

1 仲介《ちゅうかい》
2 警戒《けいかい》
3 皆様《みなさま》
4 全壊《ぜんかい》
5 獲物《えもの》
6 刈《か》り
7 甘美《かんび》
8 汗水《あせみず》
9 乾物《かんぶつ》
10 勧告《かんこく》
11 歓待《かんたい》
12 監視《かんし》
13 環境《かんきょう》
14 図鑑《ずかん》
15 含《ふく》めて
16 奇数《きすう》
17 祈《いの》る
18 鬼門《きもん》
19 幾多《いくた》
20 光輝《こうき》
21 行儀《ぎょうぎ》
22 遊戯《ゆうぎ》
23 詰《つ》め
24 返却《へんきゃく》
25 脚力《きゃくりょく》
26 及《およ》ぶ
27 丘《おか》
28 朽《く》ちて
29 乾《かわ》かす

7「甘美《かんび》」は、ほどよく甘くて、味がよいこと。心地よくうっとりとすること。

18「鬼門《きもん》」は、ここでは苦手な人物や事柄。また、行くといやな目にあう場所。

20「光輝《こうき》」は、名誉。ほまれ。

28「朽《く》ちる」は、腐ってぼろぼろになり、形がくずれる。

練習問題3 同音・同訓異字

グレーの部分は解答の補足です。

1 ア 介
2 オ 戒
3 ウ 皆

4 ア 甘
5 オ 歓
6 イ 鑑

7 ウ 儀
8 オ 戯
9 ア 疑

練習問題4 部首

グレーの部分は解答の補足です。

1 イ 戈 ほこづくり ほこがまえ
2 ウ 犭 けものへん
3 ア 力 ちから
4 ウ 欠 あくび かける
5 イ 皿 さら
6 イ 王 おうへん たまへん
7 イ 口 くち
8 イ 大 だい
9 ウ 鬼 おに
10 エ 幺 よう いとがしら
11 エ 戈 ほこづくり ほこがまえ
12 ア 卩 わりふ ふしづくり

学習ドリル 3 すぐにチェック!! 練習問題【解答・解説】

問題は本冊P18〜20

練習問題1 読み

グレーの部分は解答の補足です。

1 きょだい
2 こんきょ
3 おんちゅう
4 きょうぼう
5 ぜっきょう
6 くるう
7 じょうきょう
8 せまい
9 おそれて
10 はんきょう
11 おどろいた
12 しんこう
13 せんく
14 くっし
15 はっくつ

16 くる
17 おんけい
18 かたむけて
19 つぐ
20 げいごう
21 げきたい
22 かたぐるま
23 かねて
24 つるぎ
25 すうけん
26 きょがく
27 せいきょう
28 いちげき
29 ごはん

3「御中《おんちゅう》」は、個人あてでない郵便物を出すとき、そのあて名の下に添える語。
14「屈指《くっし》」は、多数の中で、特に指を折って数えられるほど、すぐれていること。
20「迎合《げいごう》」は、他人に気に入られるように調子を合わせること。

練習問題2 書き取り

グレーの部分は解答の補足です。

1 巨体《きょたい》
2 証拠《しょうこ》
3 距離《きょり》
4 制御《せいぎょ》
5 凶悪《きょうあく》
6 叫《さけ》んで
7 熱狂《ねっきょう》
8 近況《きんきょう》
9 狭《せば》める
10 恐縮《きょうしゅく》

11 響《ひび》く
12 驚異《きょうい》
13 仰《あお》いだ
14 駆使《くし》
15 退屈《たいくつ》
16 掘《ほ》って
17 繰《く》り
18 知恵《ちえ》
19 傾向《けいこう》
20 継続《けいぞく》

21 送迎《そうげい》
22 撃《う》つ
23 肩幅《かたはば》
24 兼業《けんぎょう》
25 剣道《けんどう》
26 軒先《のきさき》
27 拠点《きょてん》
28 防御《ぼうぎょ》
29 理屈《りくつ》

13「天《てん》を仰《あお》ぐ」は、その時の状況を悲しみ、神に訴えるように顔を上へ向ける。
14「駆使《くし》」は、自由に使いこなすこと。
24「兼業《けんぎょう》」は、本業のほかにそれ以外の業務を兼ねること。
29「理屈《りくつ》」は、物事のすじ道のこと。

練習問題3 同音・同訓異字

グレーの部分は解答の補足です。

1 ウ 巨
2 エ 拠
3 ア 距

4 オ 凶
5 イ 況
6 エ 響

7 エ 軒
8 オ 剣
9 ア 兼

練習問題4 部首

グレーの部分は解答の補足です。

1 エ 工《え》 たくみ
2 エ 彳 ぎょうにんべん
3 ウ 凵 うけばこ
4 エ 音 おと
5 ア 馬 うま
6 エ 尸 かばね しかばね

7 ア 亻 にんべん
8 ウ 手 て
9 ウ 肉 にく
10 ア 刂 りっとう
11 イ 大 だい
12 ウ 彡 さんづくり

学習ドリル 4 すぐにチェック!! 練習問題【解答・解説】

問題は本冊P22~24

練習問題 1 読み

グレーの部分は解答の補足です。

1 けんない
2 てがたい
3 こづかい
4 げんかん
5 こし
6 こじ
7 こどう
8 ごかく
9 こうぎ
10 こうせい
11 こうしん
12 こうれい
13 こうてん
14 ようこう
15 げんこう
16 ごうう
17 こめて
18 こんやく
19 さこく
20 すいさい
21 せいぼ
22 せきさい
23 せんざい
24 はやざき
25 さんじょう
26 しゅし
27 せめる
28 あらい
29 のせる

5「枯死《こし》」は、草や木がかれ果てること。

6「誇示《こじ》」は、ほこらしげに示し、見せること。

12「恒例《こうれい》」は、いつも決まって行われること。

14「要項《ようこう》」は、必要で大切な事項。また、それをまとめたもの。

25「惨状《さんじょう》」は、むごたらしいありさま。

練習問題 2 書き取り

グレーの部分は解答の補足です。

1 首都圏《しゅとけん》
2 堅実《けんじつ》
3 派遣《はけん》
4 玄米《げんまい》
5 栄枯盛衰《えいこせいすい》
6 誇大《こだい》
7 鼓笛隊《こてきたい》
8 互《たが》い
9 抗争《こうそう》
10 攻守《こうしゅ》
11 更生《こうせい》
12 恒星《こうせい》
13 荒《あ》れ
14 項目《こうもく》
15 投稿《とうこう》
16 豪快《ごうかい》
17 意気込《いきご》む
18 結婚《けっこん》
19 鎖《くさり》
20 色彩《しきさい》
21 歳月《さいげつ》
22 記載《きさい》
23 調剤《ちょうざい》
24 咲《さ》く
25 惨事《さんじ》
26 要旨《ようし》
27 枯《か》れて
28 更《さら》に
29 鎖骨《さこつ》

5「栄枯盛衰《えいこせいすい》」は、栄えることとおとろえることをいい、繰り返し栄えたりおとろえたりする世の中のはかなさのこと。

6「誇大《こだい》」は、実際より大きく言うこと。

12「恒星《こうせい》」は、自分自身で光り輝いている星。

26「要旨《ようし》」は、だいたいの内容。

練習問題 3 同音・同訓異字

グレーの部分は解答の補足です。

1 ウ 誇
2 イ 鼓
3 オ 呼
4 ア 更
5 オ 恒
6 エ 項
7 エ 彩
8 ウ 歳
9 オ 載

練習問題 4 部首

グレーの部分は解答の補足です。

1 ア 玄 げん
2 イ 鼓 つづみ
3 ア 二 に
4 エ 曰 ひらび いわく
5 ウ 言 ごんべん
6 ア 頁 おおがい
7 イ 豕 ぶた いのこ
8 ウ 彡 さんづくり
9 ウ 止 とめる
10 ウ 車 くるま
11 エ 刂 りっとう
12 エ 日 ひ

まとめテスト 1 すぐにチェック!! 練習問題【解答・解説】

問題は本冊P25〜26

練習問題 1 漢字と送りがな

1 違《ちが》える
2 鋭《するど》い
3 汚《きたな》い
4 戒《いまし》める
5 壊《こわ》れる
6 恐《おそ》ろしい
7 駆《か》ける
8 恵《めぐ》まれる
9 迎《むか》える
10 誇《ほこ》らしい

練習問題 2 対義語・類義語

グレーの部分は解答の補足です。

1 警戒《けいかい》
2 互角《ごかく》
3 返却《へんきゃく》
4 真剣《しんけん》
5 不朽《ふきゅう》
6 歳末《さいまつ》
7 反抗《はんこう》
8 及第《きゅうだい》
9 破壊《はかい》
10 富豪《ふごう》
11 憶測《おくそく》
12 閉鎖《へいさ》
13 熱狂《ねっきょう》
14 進撃《しんげき》

練習問題 3 誤字訂正

グレーの部分は誤字・正字を含む熟語です。

	【誤】		【正】
1	介発	→	開発
2	拠来	→	去来
3	発奇	→	発揮
4	偉産	→	遺産
5	監測	→	観測
6	文化剤	→	文化財

練習問題 4 四字熟語

グレーの部分は解答の補足です。

1 有為転変《ういてんぺん》
2 合縁《あいえん》奇《き》縁《えん》 合縁《あいえん》機《き》縁《えん》
3 論旨明快《ろんしめいかい》
4 百鬼夜行《ひゃっきやこう》
5 自力更生《じりきこうせい》
6 現状維持《げんじょういじ》
7 威風堂堂《いふうどうどう》
8 無味乾燥《むみかんそう》
9 意志堅固《いしけんご》
10 驚天動地《きょうてんどうち》
11 旧態依然《きゅうたいいぜん》
12 真剣勝負《しんけんしょうぶ》
13 才色兼備《さいしょくけんび》
14 不可抗力《ふかこうりょく》

1 この世のものはすべて変わっていくということ。
2 不思議な巡り合わせの縁のこと。「合」は「相」「愛」ともかく。
3 文章や議論の趣旨が、筋道が通っていてわかりやすいこと。また、そのさま。
4 多くの悪者が傍若無人に振る舞うことのたとえ。「夜行」は「やぎょう」とも読む。
5 人に頼らずに、自分だけの力で生活を改めること。
6 現在の状態をそのまま保つこと。
7 重々しくどっしりと威厳に満ちている様子のこと。
8 内容におもしろみも味わいもないこと。
9 志がしっかりしていること。
10 世間をひどく驚かすこと。
11 昔のままで進歩がまったくないさま。
12 本物の剣を使って勝負を決すること。また、本気で何かをすること。
13 女性が才知と美しさを兼ね備えていること。
14 天災地変のように、人力ではどうすることもできないこと。

学習ドリル 5 すぐにチェック!! 練習問題【解答・解説】

問題は本冊P28〜30

練習問題❶ 読み

グレーの部分は解答の補足です。

1 うかがって
2 しかく
3 し肪《ぼう》
4 しがいせん
5 めす
6 しゅうねん
7 しば
8 しゃめん
9 にやす
10 しゃくめい
11 さびしい
12 しゅにく
13 しおひがり
14 おもむき
15 ひつじゅ
16 ふなうた
17 ゆうしゅう
18 しゅうらい
19 じゅうじゅん
20 けものみち
21 しゅんじ
22 げじゅん
23 じゅんかい
24 矛《む》じゅん
25 しょうしゅう
26 さされる
27 とった
28 こぶね
29 やわらかく

6「執念《しゅうねん》」は、一つのことを思い込んでそこから離れない心。

9「業《ごう》を煮《に》やす」は、思ったように事が運ばず、いらいらすること。

24「矛《む》盾《じゅん》」は、たてとほこ。二つの物事がくいちがい、つじつまが合わないこと。

練習問題❷ 書き取り

グレーの部分は解答の補足です。

1 伺《うかが》い
2 刺《し》激《げき》
3 油《ゆ》脂《し》
4 紫《むらさき》色《いろ》
5 雌《し》雄《ゆう》
6 執行《しっこう》
7 芝《しば》居《い》
8 斜線《しゃせん》
9 煮《に》て
10 注釈《ちゅうしゃく》
11 静寂《せいじゃく》
12 朱色《しゅいろ》
13 狩《か》る
14 趣《しゅ》味《み》
15 需要《じゅよう》
16 舟運《しゅううん》
17 秀才《しゅうさい》
18 襲《おそ》う
19 柔和《にゅうわ》
20 獣《じゅう》医《い》
21 一瞬《いっしゅん》
22 旬《しゅん》
23 巡《めぐ》る
24 後《うし》ろ盾《だて》
25 お召《め》し
26 脂汗《あぶらあせ》
27 雌《め》花《ばな》
28 斜《なな》め
29 寂《さび》しい

6「執行《しっこう》」は、実際にとりおこなうこと。

10「注釈《ちゅうしゃく》」は、本文の語句や文章の意味を解説すること。また、その文。「註」は準1級配当漢字。

16「舟運《しゅううん》」は、舟を使った交通や輸送。

24「後《うし》ろ盾《だて》」は、背後を守る盾。転じて、陰の存在であるが、後方から力を貸し助ける人。

練習問題❸ 同音・同訓異字

グレーの部分は解答の補足です。

1 オ 狩
2 イ 飼
3 ウ 貸
4 ア 執
5 イ 秀
6 ウ 襲
7 ウ 旬
8 エ 巡
9 ア 準

練習問題❹ 部首

グレーの部分は解答の補足です。

1 イ 糸 いと
2 エ 隹 ふるとり
3 イ 斗 とます
4 ウ 灬 れんが れっか
5 ア 釆 のごめへん
6 ア 木 き
7 ア 走 そうにょう
8 ウ 禾 のぎ
9 イ 衣 ころも
10 ア 木 き
11 ア 目 め
12 ア 目 めへん

すぐにチェック!! 練習問題【解答・解説】

問題は本冊P32～34

練習問題① 読み

グレーの部分は解答の補足です。

1 ゆかした
2 ぬまち
3 しょうさん
4 しょうかい
5 しょうさい
6 きじょう
7 ろくじょう
8 ふやす
9 そうしょく
10 しょくはつ
11 おかす
12 しんどう
13 しんすい
14 ねかし
15 つつしみ

16 げきしん
17 たきぎのう
18 じんりょく
19 じんち
20 じんじょう
21 ふき
22 ぜせい
23 ひゃくしょう
24 せいふく
25 いせき
26 しめる
27 たたんで
28 てざわり
29 つくす

6「気丈《きじょう》」は、気の持ち方がしっかりしていること。心の確かなこと。
10「触発《しょくはつ》」は、感情や意欲などを起こさせること。
17「薪能《たきぎのう》」は、たきぎの明かりで行う能楽。
20「尋常《じんじょう》」は、普通。通常。
22「是正《ぜせい》」は、悪い点を改め、ただすこと。

練習問題② 書き取り

グレーの部分は解答の補足です。

1 起床《きしょう》
2 沼《ぬま》
3 一人称《いちにんしょう》
4 詳《くわ》しく
5 丈夫《じょうぶ》
6 畳《たたみ》
7 養殖《ようしょく》
8 飾《かざ》る
9 触《ふ》れ
10 侵害《しんがい》

11 不振《ふしん》
12 浸《ひた》す
13 寝室《しんしつ》
14 慎重《しんちょう》
15 地震《じしん》
16 薪《たきぎ》
17 尽《つ》きて
18 敵陣《てきじん》
19 尋問《じんもん》
20 吹奏《すいそう》

21 是非《ぜひ》
22 姓名《せいめい》
23 遠征《えんせい》
24 跡形《あとかた》
25 占領《せんりょう》
26 背丈《せたけ》
27 振《ふ》って
28 昼寝《ひるね》
29 震《ふる》える

11「不振《ふしん》」は、勢いがふるわないこと。
14「慎重《しんちょう》」は、注意深く、軽々しく行動しないこと。
19「尋問《じんもん》」は、問い正すこと。
21「是非《ぜひ》」は、正しいことと正しくないこと。
23「遠征《えんせい》」は、試合や研究などで遠方へ出かけていくこと。

練習問題③ 同音・同訓異字

グレーの部分は解答の補足です。

1 エ 称
2 イ 精
3 ウ 詳

4 エ 侵
5 オ 寝
6 ア 震

7 エ 尽
8 オ 陣
9 ア 尋

練習問題④ 部首

グレーの部分は解答の補足です。

1 エ 一 いち
2 エ 田 た
3 ア 角 つのへん
4 ウ 宀 うかんむり
5 ウ ⻗ あめかんむり
6 イ 艹 くさかんむり

7 ウ 尸 かばね しかばね
8 エ 寸 すん
9 ウ 口 くちへん
10 ア 日 ひ
11 ア 广 まだれ
12 ア 卜 と うらない

学習ドリル 7 すぐにチェック!! 練習問題【解答・解説】

問題は本冊P36～38

練習問題 1 読み

グレーの部分は解答の補足です。

1 せんぷうき
2 しんせん
3 きそ
4 そういん
5 乾《かん》そう
6 そうおん
7 ぞうとう
8 そっこく
9 みんぞく
10 たえる
11 きがえる
12 こうたく
13 ぎょたく
14 せいだく
15 だっしゅつ
16 たんねん
17 れいたん
18 ひたん
19 きょくたん
20 はずむ
21 むち
22 ちめいしょう
23 おそい
24 びちく
25 せんめい
26 ぬいだ
27 はし
28 たま
29 はじる

3「起訴《きそ》」は、裁判所に訴えを提起すること。
13「魚拓《ぎょたく》」は、つった魚にすみをぬって和紙に写し取ったもの。
16「丹念《たんねん》」は、真心をこめ、念を入れて行うこと。
18「悲嘆《ひたん》」は、かなしみなげくこと。
21「厚顔無恥《こうがんむち》」は、厚かましく、恥知らずなこと。

練習問題 2 書き取り

グレーの部分は解答の補足です。

1 扇《おうぎ》
2 鮮度《せんど》
3 訴《うった》える
4 名僧《めいそう》
5 騒動《そうどう》
6 贈《おく》り
7 即位《そくい》
8 低俗《ていぞく》
9 耐熱《たいねつ》
10 交代《こうたい》 交替《こうたい》
11 沢山《たくさん》
12 干拓《かんたく》
13 濁流《だくりゅう》
14 脱衣《だつい》
15 丹精《たんせい》 丹誠《たんせい》
16 淡《あわ》い
17 嘆《なげ》く
18 井《い》戸《ど》端《ばた》
19 弾力《だんりょく》
20 恥《はじ》
21 一致《いっち》
22 遅刻《ちこく》
23 蓄《たくわ》える
24 遅咲《おそざ》き
25 騒《さわ》ぐ
26 沢《さわ》
27 濁《にご》る
28 弾《ひ》き
29 致《いた》します

8「低俗《ていぞく》」は、趣味や言動が下品で程度が低いこと。
12「干拓《かんたく》」は、湖沼《しょう》や海浜などを、堤防を築き排《はい》水して、陸地や耕地にすること。
13「濁流《だくりゅう》」は、にごった水の激しい流れ。川などが増水してにごった流れ。
15「丹精《たんせい》」「丹誠《たんせい》」は、真心。真心を込めて物事をすること。

練習問題 3 同音・同訓異字

グレーの部分は解答の補足です。

1 オ 僧
2 エ 燥
3 ア 騒
4 イ 丹
5 ウ 淡
6 エ 端
7 ア 致
8 イ 遅
9 ウ 値

練習問題 4 部首

グレーの部分は解答の補足です。

1 ウ 戸 とだれ とかんむり
2 エ 魚 うおへん
3 エ 馬 うまへん
4 エ 卩 わりふ ふしづくり
5 ウ 而 しかして しこうして
6 イ 曰 ひらび いわく
7 ア 月 にくづき
8 ウ 丶 てん
9 イ 立 たつへん
10 イ 心 こころ
11 ア 至 いたる
12 イ 艹 くさかんむり

すぐにチェック!! 練習問題【解答・解説】

問題は本冊P40~42

練習問題 ① 読み

グレーの部分は解答の補足です。

1 ちょうば
2 とくちょう
3 すんだ
4 ちんちゃく
5 ちんちょう
6 たいてい
7 つつみ
8 てきしゅつ
9 しずく
10 そえる
11 てんじょうびと
12 といき
13 ぜんと
14 かとき
15 ど隷《れい》
16 どき
17 とうちゃく
18 とうそう
19 とうさん
20 けんとうし
21 はくとう
22 とうし
23 ぬすまれる
24 てっとう
25 いなさく
26 たかとび
27 めずらしい
28 いからせて
29 すかして

4「沈着《ちんちゃく》」は、落ち着いていて物事に動じないこと。底にたまって固まること。

8「摘出《てきしゅつ》」は、抜き出すこと。

13「前途《ぜんと》」は、目的地までの道のり。また、ゆくすえ。

14「過渡期《かとき》」は、古いものから新しいものへと移っていく途中の時期。

練習問題 ② 書き取り

グレーの部分は解答の補足です。

1 跳《は》ねる
2 徴収《ちょうしゅう》
3 澄《す》ます
4 沈《しず》む
5 珍味《ちんみ》
6 抵当《ていとう》
7 堤防《ていぼう》
8 摘《つ》む
9 水滴《すいてき》
10 添付《てんぷ》
11 殿堂《でんどう》
12 吐《は》いた
13 別途《べっと》
14 渡《わた》り
15 奴《ど》
16 激怒《げきど》
17 周到《しゅうとう》
18 逃亡《とうぼう》
19 転倒《てんとう》
20 唐草《からくさ》
21 桃《もも》
22 透明《とうめい》
23 盗難《とうなん》
24 塔《とう》
25 稲《いね》
26 殿様《とのさま》
27 怒《おこ》られる
28 逃《に》げる
29 倒《たお》れて

6「抵当《ていとう》」は、財産や権利を借金の保証にあてること。

10「添付《てんぷ》」は、書類などに他のものを添えること。

11「殿堂《でんどう》」は、大きくて立派な建物。また、ある分野で功績のあった人を記念する施設や機関。

13「別途《べっと》」は、別の方法。用途。

17「周到《しゅうとう》」は、よく行き届くこと。

練習問題 ③ 同音・同訓異字

グレーの部分は解答の補足です。

1 ア 跳
2 イ 徴
3 ウ 張

4 オ 摘
5 イ 積
6 ウ 就

7 ア 到
8 イ 倒
9 エ 唐

練習問題 ④ 部首

グレーの部分は解答の補足です。

1 ア 𧾷 あしへん
2 ウ 彳 ぎょうにんべん
3 ア 王 おうへん たまへん
4 エ 殳 るまた ほこづくり
5 エ 口 くちへん
6 ウ 女 おんなへん
7 ウ 心 こころ
8 ウ 刂 りっとう
9 エ 亻 にんべん
10 ア 口 くち
11 イ 皿 さら
12 エ 土 つちへん

まとめテスト 2

すぐにチェック!! 練習問題【解答・解説】

問題は本冊P43～44

練習問題 1 漢字と送りがな

1 寂《さび》れる
2 尋《たず》ねる
3 占《うらな》う
4 鮮《あざ》やか
5 騒《さわ》がしい
6 嘆《なげ》かわしい
7 恥《は》ずかしい
8 遅《おく》れる
9 珍《めずら》しい
10 逃《のが》れる

練習問題 2 対義語・類義語

グレーの部分は解答の補足です。

1 就寝《しゅうしん》
2 前途《ぜんと》
3 脱退《だったい》
4 独占《どくせん》
5 釈明《しゃくめい》
6 冷淡《れいたん》
7 慎重《しんちょう》
8 周到《しゅうとう》
9 徴収《ちょうしゅう》
10 貯蓄《ちょちく》
11 丈夫《じょうぶ》
12 需要《じゅよう》
13 沈着《ちんちゃく》
14 濁流《だくりゅう》

練習問題 3 誤字訂正

グレーの部分は誤字・正字を含む熟語です。

	【誤】		【正】
1	装致	→	装置
2	終即	→	終息
3	侵長	→	深長
4	俗す	→	属す
5	澄む	→	済む
6	占用	→	専用

練習問題 4 四字熟語

グレーの部分は解答の補足です。

1 用意周到《よういしゅうとう》
用意が十分に行き届いていること。

2 名所旧跡《めいしょきゅうせき》
景色や遺跡で有名なところ。景色がすぐれた地と、歴史的な事件や建造物などのあった場所。

3 優柔不断《ゆうじゅうふだん》
ぐずぐずして決断力に欠けること。

4 是非善悪《ぜひぜんあく》
物事の正・不正、よしあし。

5 山紫水明《さんしすいめい》
山や川などの自然の風景が美しいこと。

6 青息吐息《あおいきといき》
困ったり、弱ったりしたときに、ため息をつくこと。また、そういう状態であること。

7 同床異夢《どうしょういむ》
同じ立場に立っていたり同じ仕事をしていても、それぞれ違った目的や考え方を持っていることのたとえ。

8 多事多端《たじたたん》
仕事が多くて忙しいこと。

9 言行一致《げんこういっち》
言っていることと、行っていることが一致していること。

10 一触即発《いっしょくそくはつ》
少し触れただけで爆発しそうなこと。危機に直面していること。

11 意気消沈《いきしょうちん》
元気がなく、しょげる様子。

12 前途有望《ぜんとゆうぼう》
将来に大いにのぞみがある様子。将来、役に立つ見込みがある様子。

13 人面獣心《じんめんじゅうしん》
思いやりがなく非情な人や、恩義を忘れた人のたとえ。

14 縦横無尽《じゅうおうむじん》
物事を思い切って自由自在に行う様子。

学習ドリル 9 すぐにチェック!! 練習問題【解答・解説】

問題は本冊P46～48

練習問題 1 読み

グレーの部分は解答の補足です。

1 とうは
2 たたかって
3 どうあげ
4 とうげみち
5 とっしん
6 どんじゅう
7 くもった
8 にまん 円《えん》
9 くのう
10 のうしゅく
11 しゅくはい
12 せんぱい
13 ひょうし
14 とまる
15 はくりょく
16 きはく
17 ばくはつ
18 かみがた
19 ほねぬき
20 しょばつ
21 いっぱん
22 はんばい
23 うんぱん
24 はんい
25 はんざつ
26 じばん
27 ひがん
28 ふまえて
29 うすあじ

1「踏破《とうは》」は、困難な道や長い道のりを歩き抜くこと。

6「鈍重《どんじゅう》」は、物事に対する反応がにぶいこと。

16「希薄《きはく》」は、液体の濃度、または気体の密度が小さいこと。物事の要素や意欲がとぼしいことにも言う。

27「彼岸《ひがん》」は、春分・秋分の日を中心とした前後3日ずつの7日間。

練習問題 2 書き取り

グレーの部分は解答の補足です。

1 踏《ふ》み
2 健闘《けんとう》
3 胴衣《どうい》
4 峠《とうげ》
5 突《つ》き
6 鈍《にぶ》らない
7 曇天《どんてん》
8 悩《なや》み
9 濃度《のうど》
10 杯《さかずき》
11 輩出《はいしゅつ》
12 拍手《はくしゅ》
13 宿泊《しゅくはく》
14 迫《せま》る
15 軽薄《けいはく》
16 爆音《ばくおん》
17 頭髪《とうはつ》
18 抜群《ばつぐん》
19 罰金《ばっきん》
20 諸般《しょはん》
21 市販《しはん》
22 搬入《はんにゅう》
23 模範《もはん》
24 繁栄《はんえい》
25 序盤《じょばん》
26 彼女《かのじょ》
27 濃《こ》い
28 薄《うす》い
29 抜《ぬ》ける

2「健闘《けんとう》」は、不利な状況のもとでがんばって戦うこと。

11「輩出《はいしゅつ》」は、才能ある人材が続々と世に出ること。

15「軽薄《けいはく》」は、言動が軽く、誠意や真実味が感じられないこと。

20「諸般《しょはん》」は、さまざまな事柄。

22「搬入《はんにゅう》」は、運び入れること。持ち込むこと。

練習問題 3 同音・同訓異字

グレーの部分は解答の補足です。

1 ウ 悩
2 エ 濃
3 オ 能
4 ア 拍
5 ウ 泊
6 イ 薄
7 イ 販
8 オ 搬
9 エ 範

練習問題 4 部首

グレーの部分は解答の補足です。

1 ウ 穴 あなかんむり
2 エ 日 ひ
3 エ 弋 しきがまえ
4 ウ 車 くるま
5 エ 艹 くさかんむり
6 エ 髟 かみがしら
7 イ 罒 あみがしら あみめ よこめ
8 ウ 舟 ふねへん
9 ア 扌 てへん
10 イ 糸 いと
11 エ 皿 さら
12 ウ 彳 ぎょうにんべん

学習ドリル 10 すぐにチェック!! 練習問題【解答・解説】

問題は本冊P50〜52

練習問題 ① 読み

グレーの部分は解答の補足です。

1 ひろう
2 こうむる
3 かいひ
4 ごび
5 びりょく
6 ひってき
7 びょうしゃ
8 かいひん
9 びんかん
10 恐《きょう》ふ
11 ふじょう
12 ふつう
13 ふはい
14 しきもの
15 かんぷ
16 てんぷ
17 ぶたい
18 おおはば
19 ではらって
20 ふんしゅつ
21 いえがら
22 へきが
23 ほしゅ
24 ほそう
25 お
26 ういて
27 まいこ
28 ふいた
29 とらえる

3「回避《かいひ》」は、危険や面倒な事態を避けること。

6「匹敵《ひってき》」は、競争相手として実力が同等であること。

7「描写《びょうしゃ》」は、物事の様子や心に感じたことなどを、いろいろな手段で写しあらわすこと。

13「腐敗《ふはい》」は、悪事や不正が行われること。

16「天賦《てんぷ》」は、天から授かった生まれつきの資質。

練習問題 ② 書き取り

グレーの部分は解答の補足です。

1 気疲《きづか》れ
2 被害《ひがい》
3 避難《ひなん》
4 首尾《しゅび》
5 微笑《びしょう》
6 一匹《いっぴき》
7 描《えが》いた
8 浜辺《はまべ》
9 過敏《かびん》
10 怖《こわ》い
11 浮力《ふりょく》
12 普段《ふだん》
13 腐食《ふしょく》
14 敷《し》く
15 皮膚《ひふ》
16 月賦《げっぷ》
17 見舞《みま》う
18 全幅《ぜんぷく》
19 支払《しはら》う
20 噴火《ふんか》
21 手柄《てがら》
22 岸壁《がんぺき》
23 捕《つか》まった
24 店舗《てんぽ》
25 避《さ》けて
26 腐《くさ》る
27 道幅《みちはば》
28 柄《え》
29 壁紙《かべがみ》

4「首尾《しゅび》」は、始めと終わり。ことのなりゆき。

9「過敏《かびん》」は、感受性が強すぎること。

13「腐食《ふしょく》」は、くさってくずれること。

16「月賦《げっぷ》」は、「月賦払《げっぷばら》い」の略。代金などを月々に割り当てて分割で払うこと。また、その支払い金。

18「全幅《ぜんぷく》」は、はばいっぱい。また、あらん限り。

練習問題 ③ 同音・同訓異字

グレーの部分は解答の補足です。

1 ア 疲
2 ウ 被
3 オ 避
4 ア 浮
5 エ 普
6 オ 腐
7 イ 幅
8 ウ 腹
9 ア 複

練習問題 ④ 部首

グレーの部分は解答の補足です。

1 ア 疒 やまいだれ
2 ウ 辶 しんにょう しんにゅう
3 ア 尸 かばね しかばね
4 ウ 彳 ぎょうにんべん
5 ウ 匸 かくしがまえ
6 ウ 日 ひ
7 エ 肉 にく
8 イ 肉 にく
9 イ 貝 かいへん
10 エ 舛 まいあし
11 イ 土 つち
12 イ 舌 した

学習ドリル 11 すぐにチェック!! 練習問題【解答・解説】

問題は本冊P54～56

練習問題 ① 読み

グレーの部分は解答の補足です。

1 ほうふ
2 れんぽう
3 みずでっぽう
4 ぼうさつ
5 おぼうさん
6 脂《し》ぼう
7 ぼうけん
8 ぼうせん
9 脱《だつ》ぼう
10 へいぼん
11 ぼん踊《おど》り
12 まんしん
13 まんが
14 ぜつみょう
15 えいみん
16 ほこさき
17 きり吹《ふ》き
18 まごむすめ
19 しげって
20 ゆうもう
21 情報《じょうほう》もう
22 あんもく
23 はもん
24 やくしん
25 えいゆう
26 よとう
27 いだく
28 おかして
29 あみど

2「連峰《れんぽう》」は、連なっている山々。
4「忙殺《ぼうさつ》」は、非常にいそがしいこと。
12「慢心《まんしん》」は、おごりたかぶること。また、その心。
14「絶妙《ぜつみょう》」は、これ以上ないほど出来がよいこと。手ぎわがよいこと。
16「矛先《ほこさき》」は、攻撃の方向。

練習問題 ② 書き取り

グレーの部分は解答の補足です。

1 抱《だ》き
2 主峰《しゅほう》
3 砲丸《ほうがん》
4 多忙《たぼう》
5 坊《ぼう》
6 冒頭《ぼうとう》
7 傍観《ぼうかん》
8 帽子《ぼうし》
9 非凡《ひぼん》
10 盆地《ぼんち》
11 自慢《じまん》
12 散漫《さんまん》
13 妙案《みょうあん》
14 安眠《あんみん》
15 矛盾《むじゅん》
16 霧散《むさん》
17 娘《むすめ》
18 繁茂《はんも》
19 猛暑《もうしょ》
20 金網《かなあみ》
21 黙殺《もくさつ》
22 指紋《しもん》
23 躍動《やくどう》
24 雄大《ゆうだい》
25 授与《じゅよ》
26 忙《いそが》しく
27 眠《ねむ》って
28 朝霧《あさぎり》
29 黙《だま》って

2「主峰《しゅほう》」は、一つの山脈や山群で最も高い山。
7「傍観《ぼうかん》」は、かたわらで関わらずに見ていること。
9「非凡《ひぼん》」は、普通よりすぐれていること。
16「霧散《むさん》」は、霧が晴れるように、あとかたもなく消えること。
21「黙殺《もくさつ》」は、無言のままで取り合わないこと。

練習問題 ③ 同音・同訓異字

グレーの部分は解答の補足です。

1 エ 抱
2 ア 峰
3 ウ 砲
4 ウ 坊
5 イ 冒
6 オ 傍
7 ア 矛
8 オ 霧
9 エ 務

練習問題 ④ 部首

グレーの部分は解答の補足です。

1 ウ 石 いしへん
2 ア 曰 ひらび いわく
3 イ 巾 はばへん きんべん
4 ア 几 つくえ
5 エ 皿 さら
6 ア 矛 ほこ
7 ウ 雨 あめかんむり
8 ウ 艹 くさかんむり
9 ウ 犭 けものへん
10 ア 黒 くろ
11 ウ 隹 ふるとり
12 ア 一 いち

学習ドリル 12

すぐにチェック!! 練習問題【解答・解説】

問題は本冊P58~60

練習問題1 読み

グレーの部分は解答の補足です。

1 めいよ
2 ようせつ
3 ほんごし
4 おどる
5 ようきょく
6 しゅよく
7 かみなり
8 しんらい
9 みゃくらく
10 くうらん
11 はなれて
12 りゅうし
13 えんりょ
14 りょうよう
15 きんりん
16 なみだ
17 奴《ど》れい
18 じゅれい
19 りゅうれい
20 きゅうれき
21 れっせい
22 ねつれつ
23 こい
24 ろてん
25 ろうどう
26 こんわく
27 うでまえ
28 たのむ
29 となり

5「謡曲《ようきょく》」は、能楽の脚本。また、それに節をつけて歌うこと。
9「脈絡《みゃくらく》」は、物事のつながり。筋道。
12「粒子《りゅうし》」は、物質を構成する細かいつぶ。
19「流麗《りゅうれい》」は、文章や音楽などの調子がなめらかで美しいさま。

練習問題2 書き取り

グレーの部分は解答の補足です。

1 誉《ほま》れ
2 溶液《ようえき》
3 腰《こし》
4 舞踊《ぶよう》
5 童謡《どうよう》
6 翼《つばさ》
7 雷雨《らいう》
8 頼《たよ》って
9 連絡《れんらく》
10 欄干《らんかん》
11 離反《りはん》
12 米粒《こめつぶ》
13 考慮《こうりょ》
14 医療《いりょう》
15 隣《とな》り
16 感涙《かんるい》
17 隷属《れいぞく》
18 高齢《こうれい》
19 麗人《れいじん》
20 暦《こよみ》
21 優劣《ゆうれつ》
22 烈火《れっか》
23 悲恋《ひれん》
24 雨露《あめつゆ》
25 新郎《しんろう》
26 迷惑《めいわく》
27 腕力《わんりょく》
28 溶《と》かして
29 戸惑《とまど》う

10「欄干《らんかん》」は、人が落ちないように、橋や階段などに作り付けられた手すり。
11「離反《りはん》」は、従っていた者が、そむきはなれること。
16「感涙《かんるい》」は、感激または感謝して流す涙のこと。
19「麗人《れいじん》」は、姿かたちの美しい女性。
22「烈火《れっか》」は、はげしく燃える火。

練習問題3 同音・同訓異字

グレーの部分は解答の補足です。

1 ウ 溶
2 イ 踊
3 ア 謡
4 ウ 裏
5 イ 離
6 ア 利
7 オ 隷
8 エ 齢
9 ウ 麗

練習問題4 部首

グレーの部分は解答の補足です。

1 エ 言 げん
2 イ 羽 はね
3 イ 隹 ふるとり
4 ウ 米 こめへん
5 ウ 心 こころ
6 ア 疒 やまいだれ
7 ア 隶 れいづくり
8 ウ 鹿 しか
9 エ 力 ちから
10 ア 灬 れんが れっか
11 ウ 心 こころ
12 ア 心 こころ

まとめテスト 3 すぐにチェック!! 練習問題【解答・解説】

問題は本冊P61~62

練習問題 1 漢字と送りがな

1 悩《なや》まされる
2 疲《つか》れる
3 浮《う》かべる
4 腐《くさ》らせる
5 捕《つか》まえる
6 抱《かか》える
7 忙《いそが》しい
8 頼《たの》もしい
9 離《はな》れる
10 恋《こい》しい

練習問題 2 対義語・類義語

グレーの部分は解答の補足です。

1 腕前《うでまえ》
2 考慮《こうりょ》
3 末尾《まつび》
4 基盤《きばん》
5 猛暑《もうしょ》
6 近隣《きんりん》
7 繁雑《はんざつ》 ※煩雑《はんざつ》
8 脈絡《みゃくらく》
9 模範《もはん》
10 劣悪《れつあく》
11 停泊《ていはく》
12 手柄《てがら》
13 回避《かいひ》
14 困惑《こんわく》

※「煩《はん》」は準2級配当漢字

練習問題 3 誤字訂正

グレーの部分は誤字・正字を含む熟語です。

［誤］　［正］

1 舗（遊舗道）→ 歩（遊歩道）
2 般（般入）→ 搬（搬入）
3 捕（捕護）→ 保（保護）
4 悩（悩裏）→ 脳（脳裏）
5 頼（頼り）→ 便（便り）
6 欄（展欄会）→ 覧（展覧会）

練習問題 4 四字熟語

グレーの部分は解答の補足です。

1 薄利多売《はくりたばい》
利益を薄くして品物を多く売ること。

2 力戦奮闘《りきせんふんとう》
力を尽くして戦うこと。

3 思慮分別《しりょふんべつ》
注意深く考えて判断し、物事の道理をわきまえていること。

4 信賞必罰《しんしょうひつばつ》
功績のあった者にはそれ相応の賞を与え、罪を犯した者にはそれ相応に罰すること。賞罰を厳正にすること。

5 五里霧中《ごりむちゅう》
現在の状態がわからず、見通しや方針のまったく立たないことのたとえ。

6 離合集散《りごうしゅうさん》
離れたり集まったり、また、集まったり散ったりすること。

7 美辞麗句《びじれいく》
たくみにうわべを美しく飾った文句。内容や誠意のないことをいう。

8 付和雷同《ふわらいどう》
自分にしっかりとした意見がなく、他人の意見や行動に軽々しく同調すること。

9 率先垂範《そっせんすいはん》
人々の先に立って、自ら模範を示すこと。

10 危機一髪《ききいっぱつ》
もう少しで、危険な状態になるところであること。

11 注意散漫《ちゅういさんまん》
あれこれと気が散っているさま。集中力を欠いているさま。

12 抱腹絶倒《ほうふくぜっとう》
腹を抱えて転げまわるほど大笑いすること。

13 金城鉄壁《きんじょうてっぺき》
守りが固く、すきがまったくないこと。

14 人跡未踏《じんせきみとう》
人が一度も足を踏み入れたことがないこと。

MEMO

問題は本冊P64～69

一 読み

各1点 計30点

グレーの部分は解答の補足です。

1 きか
2 あくりょく
3 いぎょう
4 しゅこう
5 しんたん
6 のうしゅく
7 とうわく
8 とろ
9 きよ
10 ほかく
11 ぎしき
12 えん
13 げんまい
14 えんぴつ
15 てんじょう
16 こぶ
17 わがし
18 かんぱい
19 しゆう
20 しゃめん
21 くり
22 たずねる
23 かくし
24 あせ
25 およばない
26 いのる
27 さき
28 しばかり
29 ねむれない
30 いくじ

5「薪炭《しんたん》」は、たきぎと、すみ。

7「当惑《とうわく》」は、事に当たって処置に迷い、とまどうこと。

8「吐露《とろ》」は、心中の思いを隠さずに述べて表すこと。

9「寄与《きよ》」は、社会や人のために尽力し役に立つこと。

15「天井知《てんじょうし》らず」は、どこまで高くなるかわからないこと。

16「鼓舞《こぶ》」は、はげまして勢いづけること。

19「雌雄《しゆう》」は、めすとおす。「雌雄《しゆう》を決《けっ》する」で、戦って勝敗を決める。優劣をつける。

二 同音・同訓異字

各2点 計30点

解答の下は選択肢の漢字を含んだ熟語です。

1 エ 一軒《いっけん》
2 オ 圏内《けんない》
3 ウ 短剣《たんけん》
4 ア 指摘《してき》
5 イ 点滴《てんてき》
6 ウ 適応《てきおう》
7 オ 彼岸《ひがん》
8 イ 疲労《ひろう》
9 ア 被害《ひがい》
10 エ 奴隷《どれい》
11 オ 高齢《こうれい》
12 イ 端麗《たんれい》
13 イ 澄《す》んだ
14 ア 済《す》ませて
15 エ 住《す》み

2「圏内《けんない》」は、ある範囲の内側。

4「指摘《してき》」は、ある事柄について、重要な点や欠点などを具体的に取り上げてさし示すこと。

6「適応《てきおう》」は、その場の状況や条件に当てはまること。

7「彼岸《ひがん》」は、春分・秋分の日を中心とした前後3日ずつの7日間。

12「端麗《たんれい》」は、形や姿が整って、うるわしいこと。

三 漢字識別

各2点 計10点

□の中は共通する漢字です。

1 オ 敏腕《びんわん》・鋭敏《えいびん》・敏感《びんかん》
2 キ 淡泊《たんぱく》・停泊《ていはく》・外泊《がいはく》
3 コ 致命傷《ちめいしょう》・一致《いっち》・招致《しょうち》
4 エ 濁点《だくてん》・濁流《だくりゅう》・混濁《こんだく》
5 ク 騒音《そうおん》・狂騒《きょうそう》・物騒《ぶっそう》

四 熟語の構成

各2点 計20点

1 エ 製菓《せいか》 製(造する)↑菓(子を)
2 ア 微細《びさい》 どちらも「小さい」意。
3 ウ 詳述《しょうじゅつ》 詳(しく)↓述(べる)
4 オ 非情《ひじょう》 非(否定)＋情(け)。「情けがない」
5 イ 離合《りごう》 離(れる)⇕合(わさる)
6 エ 脱皮《だっぴ》 脱(ぐ)↑皮(を)
7 ア 繁栄《はんえい》 どちらも「さかえる」意。
8 ア 販売《はんばい》 どちらも「売る」意。
9 ウ 即決《そっけつ》 即(座に)↓決(める)
10 イ 授受《じゅじゅ》 授(ける)⇕受(ける)

五 部首

各1点 計10点

グレーの部分は部首の名前です。

1 エ 女 おんな
2 ア 艹 くさかんむり
3 ウ 宀 うかんむり
4 イ 衣 ころも
5 ウ 犬 いぬ
6 エ 目 めへん
7 ア 口 くち
8 ウ 干 かん いちじゅう
9 ア 止 とめる
10 イ 寸 すん

六 対義語・類義語

各2点 計20点

グレーの部分は問題の熟語です。

1 自立《じりつ》―依存《いぞん》
2 容易《ようい》―困難《こんなん》
3 利益《りえき》―損失《そんしつ》
4 逃亡《とうぼう》―追跡《ついせき》
5 加熱《かねつ》―冷却《れいきゃく》
6 看病《かんびょう》―介護《かいご》
7 互角《ごかく》―対等《たいとう》
8 素直《すなお》―柔順《じゅうじゅん》
9 上品《じょうひん》―優雅《ゆうが》
10 推理《すいり》―憶測《おくそく》

七 漢字と送りがな

各2点 計10点

1 快《こころよ》い
2 朗《ほが》らかな
3 越《こ》える
4 狂《くる》おしい
5 戒《いまし》め

八 四字熟語

各2点 計20点

グレーの部分は解答の補足です。

1 心機一転《しんきいってん》
2 以心伝心《いしんでんしん》
3 理路整然《りろせいぜん》
4 環境保全《かんきょうほぜん》
5 晴耕雨読《せいこううどく》
6 起承転結《きしょうてんけつ》
7 意気投合《いきとうごう》
8 前途有望《ぜんとゆうぼう》
9 悪戦苦闘《あくせんくとう》
10 昼夜兼行《ちゅうやけんこう》

あることをきっかけとして、気持ちがすっかりよい方向に変わること。

考えや思っていることが言葉を使わずに、互いの心から心に伝わること。

物事や話の筋道がきちんと通っているさま。

環境を保護し、安全であるように維持すること。

田園で、のんびりと自適の生活をすること。

文章の構成法や、物事の展開法のこと。

互いに気持ちがぴったり合う様子。

将来に大いにのぞみがある様子。将来、役に立つ見込みがある様子。

強敵相手の苦しい戦いのこと。また、困難な状況でも苦しみながら努力すること。

昼夜の区別なく仕事を続けること。

九 誤字訂正

各2点 計10点

グレーの部分は誤字・正字を含む熟語です。

［誤］→［正］

1 間略 → 簡略
2 昭会 → 照会
3 復製 → 複製
4 舗道 → 歩道
5 攻績 → 功績

十 書き取り

各2点 計40点

グレーの部分は解答の補足です。

1 視野《しや》
2 否認《ひにん》
3 愛唱《あいしょう》
4 貴重《きちょう》
5 深呼吸《しんこきゅう》
6 臓器《ぞうき》
7 雑誌《ざっし》
8 就職《しゅうしょく》
9 添加《てんか》
10 紹介《しょうかい》
11 潮風《しおかぜ》
12 貧《まず》しく
13 訳《わけ》
14 探《さぐ》る
15 痛《いた》い
16 芋《いも》
17 迷子《まいご》
18 絹《きぬ》
19 踏《ふ》み
20 扇《おうぎ》

1「視野《しや》」は、ある一点に視線を固定したときに、見ることのできる範囲。視界。ここでは、考えたり判断したりする範囲。

2「否認《ひにん》」は、ある物事を事実として認めないこと。

3「愛唱《あいしょう》」は、ある歌が好きで、日ごろからよくうたうこと。

9「添加《てんか》」は、ある物に、別の物を加えること。「食《しょく》品添加物《ひんてんかぶつ》」は、食品を製造する過程で、着色や香りづけ、保存などの目的で使われる物質。

一 読み

各1点 計30点

グレーの部分は解答の補足です。

1 どはつ
2 けいい
3 らんかん
4 えっきょう
5 きょうさく
6 ひってき
7 れんあい
8 せいふく
9 がんちく
10 ようしょく
11 ちゅうじゅん
12 しんすい
13 ぞくあく
14 こうたく
15 とうめい
16 ねんぱい
17 きはん
18 びよく
19 ふはい
20 むさくい
21 よごれた
22 いも
23 さけぶ
24 おくれる
25 たたみ
26 なやみ
27 えがいた
28 となり
29 こよみ
30 あずき

1「怒髪天《どはってん》をつく」は、人が怒ったとき、髪の毛が逆立ち、天をつくぐらいにピンと立つこと。大きな怒り。「怒髪衝天《どはつしょうてん》」ともいう。

2「経緯《けいい》」は、物事の詳しい筋道。

6「匹敵《ひってき》」は、競争相手として、実力や価値が同じくらいであること。

9「含蓄《がんちく》」は、深い意味を内部にふくんでいること。

17「規範《きはん》」は、手本、模範。

19「腐敗《ふはい》」は、ものがくさること。傷むこと。

二 同音・同訓異字

各2点 計30点

解答の下は選択肢の漢字を含んだ熟語です。

1 オ 歓声《かんせい》
2 ウ 監視《かんし》
3 エ 図鑑《ずかん》
4 イ 気鋭《きえい》
5 ア 影響《えいきょう》
6 オ 反映《はんえい》
7 エ 端整《たんせい》
8 ウ 冷淡《れいたん》
9 ア 丹精《たんせい》
10 ウ 脂肪《しぼう》
11 オ 多忙《たぼう》
12 ア 傍観《ぼうかん》
13 ア 振《ふ》る
14 オ 触《ふ》れた
15 エ 吹《ふ》かれて

7「端整《たんせい》」は、顔かたちなどが整っていて美しいこと。

8「冷淡《れいたん》」は、思いやりがなく態度がつめたいこと。物事に関心を示さないこと。

9「丹精《たんせい》」は、真心。また、真心を込めて物事をすること。

12「傍観《ぼうかん》」は、かたわらで見ること。そのことに関わらないで、はたで見ていること。

三 漢字識別

各2点 計10点

□の中は共通する漢字です。

1 コ 奇才《きさい》・数奇《すうき》・奇抜《きばつ》
2 ウ 猛烈《もうれつ》・猛暑《もうしょ》・勇猛《ゆうもう》
3 オ 運搬《うんぱん》・搬送《はんそう》・搬出《はんしゅつ》
4 ケ 避難《ひなん》・回避《かいひ》・避雷針《ひらいしん》
5 ク 偉業《いぎょう》・偉人《いじん》・偉大《いだい》

四 熟語の構成

各2点 計20点

1 ア
2 ウ
3 イ
4 ア
5 エ
6 イ
7 エ
8 ア
9 ア
10 オ

恐怖《きょうふ》 どちらも「こわがる」意。
黙読《もくどく》 黙(って)↓読(む)
贈答《ぞうとう》 贈(る)↕答(える)
援助《えんじょ》 どちらも「たすける」意。
耐震《たいしん》 耐(える)↑震(ゆれに)
需給《じゅきゅう》 需(要)↕(供)給
握手《あくしゅ》 握(る)↑手(を)
露見《ろけん》 どちらも「あらわれる」意。
跳躍《ちょうやく》 どちらも「はねる」意。
不眠《ふみん》 不(否定)＋眠(る)。「眠らない」

五 部首

各1点 計10点

グレーの部分は部首の名前です。

1 ア 山 やまへん
2 エ 禾 のぎへん
3 イ 日 ひ
4 ウ 心 こころ
5 ア 皿 さら
6 イ 心 こころ
7 ウ 隹 ふるとり
8 イ 寸 すん
9 ア 田 た
10 エ 口 くち

六 対義語・類義語

各2点 計20点

グレーの部分は問題の熟語です。

1 故意《こい》—過失《かしつ》
2 希薄《きはく》—濃密《のうみつ》
3 厳冬《げんとう》—盛夏《せいか》
4 守備《しゅび》—攻撃《こうげき》
5 優良《ゆうりょう》—劣悪《れつあく》
6 合図《あいず》—信号《しんごう》
7 不意《ふい》—突然《とつぜん》
8 機構《きこう》—組織《そしき》
9 有数《ゆうすう》—屈指《くっし》
10 用心《ようじん》—警戒《けいかい》

七 漢字と送りがな

各2点 計10点

1 承《うけたまわ》り
2 危《あや》ぶま
3 壊《こわ》れる
4 恐《おそ》ろしい
5 惑《まど》う

八 四字熟語

各2点 計20点

グレーの部分は解答の補足です。

1 適材適所《てきざいてきしょ》
2 人事不省《じんじふせい》
3 平身低頭《へいしんていとう》
4 二束三文《にそくさんもん》
5 馬耳東風《ばじとうふう》
6 私利私欲《しりしよく》
7 創意工夫《そういくふう》
8 沈思黙考《ちんしもっこう》
9 狂喜乱舞《きょうきらんぶ》
10 縦横無尽《じゅうおうむじん》

その人の才能を正しく評価して、それにふさわしい地位や仕事につけること。

意識不明の状態におちいること。

体をかがめ、頭を低くするようにひたすら謝ること。

数は多くても値段が安いこと。

他人の意見や批評を聞き流して、気にとめないこと。

自分の利益や欲求だけを満たそうとする心、行動。

方法や手段などを新しく考え出すこと。また、考え出した思いつき。

思いに沈み、黙って考え込むこと。

気が狂うほどに喜ぶこと。

物事を思い切って自由自在に行う様子。

九 誤字訂正

各2点 計10点

グレーの部分は誤字・正字を含む熟語です。

［誤］ ［正］
1 専**問** → 専**門**
2 **表**し → **著**し
3 **比**評 → **批**評
4 **皆**善 → **改**善
5 横**療** → 横**領**

十 書き取り

各2点 計40点

グレーの部分は解答の補足です。

1 看護《かんご》
2 宇宙《うちゅう》
3 早速《さっそく》
4 誠実《せいじつ》
5 存続《そんぞく》
6 陛下《へいか》
7 箇条書《かじょうが》き
8 尾行《びこう》
9 勤務《きんむ》
10 慎重《しんちょう》
11 源《みなもと》
12 敬《うやま》う
13 並《な》み
14 編《あ》む
15 辞《や》めた
16 裁《さば》く
17 捕《つか》まえた
18 込《こ》んだ
19 株式《かぶしき》
20 推《お》した

5「存続《そんぞく》」は、引き続き存在すること。なくならないこと。また、引き続き残しておくこと。

7「箇条書《かじょうが》き」は、事柄を分けて書き並べること。

8「尾行《びこう》」は、相手の行動を調査・監視するために、気づかれないように人のあとをつけて行くこと。

13「人並《ひとな》み外《はず》れる」は性質や状態などが、普通の人からかけ離れていること。

20「推《お》す」は、人や事物を、ある地位や身分に適当だとして、他にすすめること。

問題は本冊P76～81

一 読み

各1点 計30点

グレーの部分は解答の補足です。

1 いさい
2 れんさい
3 こうりょう
4 ぶたい
5 ほんもう
6 ぎょかく
7 ふんしゃ
8 はんぼう
9 たんれい
10 あっぱく
11 せんす
12 おせん
13 ふきゅう
14 こし
15 こうきゅう
16 だんりょく
17 とうなん
18 かんるい
19 ふきょう
20 どうい
21 かがやき
22 あつかい
23 きわめる
24 おくり
25 さびれた
26 もっぱら
27 かたむいて
28 にげた
29 とかす
30 しゃみせん

1「異彩《いさい》」は、きわだってすぐれた様子。

5「本望《ほんもう》」は、望みがかなって満足であること。

8「繁忙《はんぼう》」は、やることが多くていそがしいこと。

9「容姿端麗《ようしたんれい》」は、女性の顔かたちが整って美しいさま。

13「不朽《ふきゅう》」は、いつまでもくちないこと。後世まで長く残ること。

14「枯死《こし》」は、草や木がかれ果てること。

15「恒久《こうきゅう》」は、ひさしく変わらないこと。永久。

18「感涙《かんるい》」は、感激または感謝して流す涙のこと。

二 同音・同訓異字

各2点 計30点

解答の下は選択肢の漢字を含んだ熟語です。

1 ウ 縁起《えんぎ》
2 ア 延長《えんちょう》
3 エ 禁煙《きんえん》
4 ウ 皆目《かいもく》
5 イ 戒律《かいりつ》
6 エ 全壊《ぜんかい》
7 イ 占拠《せんきょ》
8 ウ 巨額《きょがく》
9 オ 去就《きょしゅう》
10 オ 名刺《めいし》
11 イ 主旨《しゅし》
12 エ 紫外線《しがいせん》
13 イ 打《う》つ
14 ア 撃《う》ち
15 エ 討《う》ち

4「皆目《かいもく》」は、「皆目～ない」などと、あとに打ち消しの語をともない、強く否定する気持ちを表す。まるっきり。まったく。

5「戒律《かいりつ》」は、一般的に、信者が守るべき宗教上の規則や決まり。

7「占拠《せんきょ》」は、ある場所に居座り、他を寄せつけないこと。

9「去就《きょしゅう》」は、去ることとつき従うこと。進退。

三 漢字識別

各2点 計10点

□の中は共通する漢字です。

1 ク 柔《にゅう》和《わ》・優《ゆう》柔《じゅう》・柔《じゅう》道《どう》
2 ア 陰《いん》気《き》・日《ひ》陰《かげ》・陰《いん》影《えい》
3 ウ 知《ち》恵《え》・天《てん》恵《けい》・恩《おん》恵《けい》
4 オ 離《り》婚《こん》・距《きょ》離《り》・離《り》陸《りく》
5 キ 微《び》粒《りゅう》子《し》・粒《りゅう》状《じょう》・米《こめ》粒《つぶ》

四 熟語の構成

各2点 計20点

1 エ 汚職《おしょく》 汚(す)↑職(を)
2 イ 濃淡《のうたん》 濃(い)⇔淡(い)
3 ア 供与《きょうよ》 どちらも「あたえる」意。
4 イ 清濁《せいだく》 清(い)⇔濁(る)
5 ウ 予告《よこく》 予(あらかじめ)↓告(げる)
6 ア 禁止《きんし》 どちらも「とめる」意。
7 イ 及落《きゅうらく》 及(第)⇔落(第)
8 オ 非凡《ひぼん》 非(否定)+凡。「平凡でない」
9 ウ 珍味《ちんみ》 珍(しい)↓味
10 エ 仰天《ぎょうてん》 仰(ぐ)↑天(を)

五 部首

各1点 計10点

グレーの部分は部首の名前です。

1 ア 士 さむらい
2 イ 日 ひへん
3 イ 戈 ほこづくり ほこがまえ
4 ア 辶 しんにょう しんにゅう
5 ウ 大 だい
6 イ 彳 ぎょうにんべん
7 ウ 車 くるまへん
8 イ 冫 にすい
9 ア 丶 てん
10 イ 十 じゅう

六 対義語・類義語

各2点 計20点

グレーの部分は問題の熟語です。

1 沈殿《ちんでん》―浮遊《ふゆう》
2 中央《ちゅうおう》―末端《まったん》
3 友情《ゆうじょう》―敵意《てきい》
4 鈍重《どんじゅう》―鋭敏《えいびん》
5 断念《だんねん》―執着《しゅうちゃく》
6 偉大《いだい》―立派《りっぱ》
7 風潮《ふうちょう》―流行《りゅうこう》
8 語気《ごき》―口調《くちょう》
9 気絶《きぜつ》―卒倒《そっとう》
10 貯蔵《ちょぞう》―備蓄《びちく》

七 漢字と送りがな

各2点 計10点

1 厳《おごそ》かに
2 直《ただ》ちに
3 確《たし》かめる
4 陰《かげ》る
5 添《そ》える

八 四字熟語

各2点 計20点

グレーの部分は解答の補足です。

1 青天白日《せいてんはくじつ》
2 舌先三寸《したさきさんずん》
3 無我夢中《むがむちゅう》
4 牛飲馬食《ぎゅういんばしょく》
5 針小棒大《しんしょうぼうだい》
6 反面教師《はんめんきょうし》
7 一枚看板《いちまいかんばん》
8 驚天動地《きょうてんどうち》
9 優勝劣敗《ゆうしょうれっぱい》
10 意志薄弱《いしはくじゃく》

心に何もやましいことがないこと。また、無実(無罪)が明らかになること。

くちさき。弁舌。三寸ほどの小さい舌の意で、内実が伴《ともな》わないという気持ちを含む。

何かに心を奪《うば》われ、我を忘れて行うさま。

牛が水を飲むように大酒を飲み、馬が草を食べるように大食いをすること。

ちょっとしたことを大げさに言うこと。

悪い見本として反省材料となる物事。また、そのような人。

団体の中や、多くの人の中の中心となる人。

世間をひどく驚かすこと。

優れているものが勝ち、劣っているものが負けるという原則。

あることを成しとげようとする気持ちが弱い様子。

九 誤字訂正

各2点 計10点

グレーの部分は誤字・正字を含む熟語です。

［誤］ ［正］

1 慎長 → 深長
2 逆点 → 逆転
3 毎挙 → 枚挙
4 風規 → 風紀
5 堤供 → 提供

十 書き取り

各2点 計40点

グレーの部分は解答の補足です。

1 操縦《そうじゅう》
2 精進《しょうじん》
3 安否《あんぴ》
4 仮病《けびょう》
5 回覧《かいらん》
6 郵便局《ゆうびんきょく》
7 遺産《いさん》
8 札束《さつたば》
9 一致《いっち》
10 行為《こうい》
11 裏腹《うらはら》
12 宝《たから》
13 奮《ふる》い
14 幕内《まくうち》
15 和《なご》む
16 時雨《しぐれ》
17 卵《たまご》
18 詰《つ》まる
19 除《のぞ》いて
20 濁《にご》って

2「精進《しょうじん》」は、一つのことに集中して努力すること。一定期間、行いを慎んで身を清めること。

3「安否《あんぴ》」は、安全か否《いな》か。無事かどうかということ。

5「回覧《かいらん》」は、文書などを、順々に回して読むこと。

11「裏腹《うらはら》」は、背と腹。裏と表。正反対なこと。

14「幕内《まくうち》」は、すもうで、力士の階級の一つ。前頭《まえがしら》から上位の力士の総称。

16「時雨《しぐれ》」は、晩秋から初冬のころに、急にぱらぱらと降ったりやんだりする、にわか雨。

問題は本冊P82～87

一 読み

各1点 計30点

グレーの部分は解答の補足です。

1 かいたく
2 けしき
3 きゃくしょく
4 きょうき
5 じょうもん
6 ちゅうけん
7 こうまん
8 ぜつみょう
9 しゅしょう
10 たいしゃく
11 むじゅん
12 ひふ
13 ばつぐん
14 しょはん
15 きゃっか
16 がんゆう
17 さきゅう
18 ごうかい
19 ぼうとう
20 きか
21 たくわえ
22 はねる
23 ためす
24 つどう
25 むかえる
26 きりさめ
27 しげる
28 ももいろ
29 おし
30 なごり

3「脚色《きゃくしょく》」は、おもしろく伝えるために事実に色づけすること。

8「絶妙《ぜつみょう》」は、これ以上ないほど出来がよくすぐれていること。

10「貸借《たいしゃく》」は、貸すことと借りること。

14「諸般《しょはん》」は、さまざまな事柄。

16「含有《がんゆう》」は、成分・内容の一部として含んでいること。

30「名残《なごり》」は、物事が過ぎ去ったあとに、なお残っているその気配や影響。

二 同音・同訓異字

各2点 計30点

解答の下は選択肢の漢字を含んだ熟語です。

1 ア 耐久《たいきゅう》
2 オ 交替《こうたい》
3 イ 連帯《れんたい》
4 オ 到底《とうてい》
5 ア 圧倒《あっとう》
6 ウ 闘志《とうし》
7 ウ 溶解《ようかい》
8 エ 容認《ようにん》
9 ア 童謡《どうよう》
10 ウ 防波堤《ぼうはてい》
11 イ 並大抵《なみたいてい》
12 エ 道程《どうてい》
13 イ 笑《え》み
14 エ 獲《え》物《もの》
15 オ 得《え》がたい

1「耐久《たいきゅう》」は、長い間持ちこたえること。長持ちすること。

3「連帯《れんたい》」は、互いに結びついていること。ある行為について二人以上の者が共同で責任を負うこと。

4「到底《とうてい》」は、「到底～ない」などと、あとに打ち消しの語をともない、強く打ち消す気持ちを表す。どうしても。

7「溶解《ようかい》」は、溶けること。また、溶かすこと。

12「道程《どうてい》」は、目的地までの距離。みちのり。

三 漢字識別

各2点 計10点

□の中は共通する漢字です。

1 ウ 痛烈《つうれつ》・鮮烈《せんれつ》・烈火《れっか》
2 キ 増殖《ぞうしょく》・養殖《ようしょく》・繁殖《はんしょく》
3 ク 玄関《げんかん》・玄米《げんまい》・玄武岩《げんぶがん》
4 コ 告訴《こくそ》・訴状《そじょう》・起訴《きそ》
5 エ 誇示《こじ》・誇張《こちょう》・誇大《こだい》

四 熟語の構成

各2点 計20点

1 ア
2 エ
3 イ
4 ウ
5 イ
6 オ
7 エ
8 ア
9 ウ
10 イ

1 敏速《びんそく》 どちらも「はやい」意。
2 越冬《えっとう》 越(す)↑冬(を)
3 是非《ぜひ》 是(ただしい)⇔非(よくない)
4 即決《そっけつ》 即(座に)↓決(める)
5 陰陽《いんよう》 陰(かげ)⇔陽(ひなた)
6 不屈《ふくつ》 不(否定)＋屈(する)。「屈しない」
7 寄稿《きこう》 寄(せる)↑(原)稿(を)
8 乾燥《かんそう》 どちらも「かわく」意。
9 珍事《ちんじ》 珍(しい)↓事
10 着脱《ちゃくだつ》 着(る)⇔脱(ぐ)

五 部首

グレーの部分は部首の名前です。

各1点 計10点

1 イ 心 こころ
2 ア 亻 にんべん
3 ウ 甘 かん あまい
4 イ 至 いたる
5 ア 音 おと
6 エ 鼓 つづみ
7 イ 糸 いとへん
8 エ 止 とめる
9 ア 艹 くさかんむり
10 ウ 衣 ころも

六 対義語・類義語

グレーの部分は問題の熟語です。

各2点 計20点

1 勝利《しょうり》—敗北《はいぼく》
2 反逆《はんぎゃく》—帰順《きじゅん》
3 永眠《えいみん》—誕生《たんじょう》
4 高雅《こうが》—低俗《ていぞく》
5 濃縮《のうしゅく》—希釈《きしゃく》
6 外国《がいこく》—異郷《いきょう》
7 達成《たっせい》—成就《じょうじゅ》
8 伝道《でんどう》—布教《ふきょう》
9 悲劇《ひげき》—惨事《さんじ》
10 目的《もくてき》—趣旨《しゅし》

七 漢字と送りがな

各2点 計10点

1 幼《おさな》い
2 授《さず》かる
3 養《やしな》う
4 寂《さび》れ
5 傾《かたむ》ける

八 四字熟語

グレーの部分は解答の補足です。

各2点 計20点

1 日進月歩《にっしんげっぽ》
2 自給自足《じきゅうじそく》
3 一意専心《いちいせんしん》
4 起死回生《きしかいせい》
5 医食同源《いしょくどうげん》
6 三寒四温《さんかんしおん》
7 一病息災《いちびょうそくさい》
8 疑心暗鬼《ぎしんあんき》
9 厚顔無恥《こうがんむち》
10 大気汚染《たいきおせん》

日ごと月ごとに、つねに進歩していくこと。

自分に必要なものをすべて自分が生産することでまかなうこと。

ほかのことを考えず、一つのことだけに心を集中すること。

ほころびかかっているものをもとに戻《もど》したり、絶望的な状態を再び盛んにすること。

日常の食生活に注意することが、一番の病気予防の策になるということ。

冬、三日ほど寒い日が続いたあと、四日ほど暖かい日が続き、これが繰り返されること。

多少の軽い病を持っていたほうが長生きするということ。

疑い始めると、なんでもないことまで疑わしくなってくるということ。

あつかましく恥知らずなさま。

空気がよごれること。

九 誤字訂正

グレーの部分は誤字・正字を含む熟語です。

各2点 計10点

［誤］ ［正］
1 一身 → 一味
2 食浴 → 食欲
3 接対 → 接待
4 友交 → 友好
5 余義 → 余儀

十 書き取り

グレーの部分は解答の補足です。

各2点 計40点

1 早《さっ》速《そく》
2 殺《さっ》気《き》
3 簡《かん》潔《けつ》
4 机《き》上《じょう》
5 負《ふ》担《たん》
6 検《けん》討《とう》
7 頭《とう》髪《はつ》
8 記《き》憶《おく》
9 縁《えん》起《ぎ》物《もの》
10 菓《か》子《し》
11 値《あたい》
12 頂《いただき》
13 納《おさ》める
14 門《かど》松《まつ》
15 棒《ぼう》
16 迫《せま》る
17 小《こ》銭《ぜに》
18 公《おおやけ》
19 研《と》いだ
20 預《あず》ける

3「簡潔《かんけつ》」は、表現が簡単で要領を得ていること。

4「机上《きじょう》」は、机の上。「机上の空論」は、頭の中で考えただけで、実際には役に立たない理論や計画のたとえ。

9「縁起物《えんぎもの》」は、縁起を祝うための品物。正月のしめ飾りや門松、社寺や境内で参詣《けい》人に売られる熊手やだるま、招き猫《ねこ》など。

15「棒《ぼう》に振《ふ》る」は、それまでに積み重ねてきた努力や成果を無にする。

一 読み

各1点 計30点

グレーの部分は解答の補足です。

1 けいそつ
2 そうしょく
3 せんきょ
4 そくせんりょく
5 きょうふ
6 いじ
7 しんろう
8 れっせい
9 たんらく
10 ばくしょう
11 きおく
12 ぎきょく
13 ぶんき
14 とうげんきょう
15 とうぎょ
16 せんく
17 けんとうし
18 けんよう
19 じゅし
20 こうもく
21 ふるわせる
22 立《た》ちのき
23 つかえ
24 かげえ
25 しいられる
26 はじる
27 すんで
28 ととのえる
29 ほり
30 たち打《う》ち

1「軽率《けいそつ》」は、物事を深く考えず軽く行うこと。
3「占拠《せんきょ》」は、ある場所に居座り、他を寄せつけないこと。
8「劣勢《れっせい》」は、勢力・形成が相手より劣っていること。
12「戯曲《ぎきょく》」は、上演する目的で書いた演劇の脚本。台本。
15「統御《とうぎょ》」は、全体をまとめ、支配すること。
16「先駆《せんく》」は、他に先がけて物事をすること。
23「差《さ》し支《つか》え」は、何かを行うのに都合の悪い事情。
30「太刀《たち》打《う》ち」は、まともに張り合って勝負すること。

二 同音・同訓異字

各2点 計30点

解答の下は選択肢の漢字を含んだ熟語です。

1 ウ 依《い》存《そん(いぞん)》
2 ア 威《い》厳《げん》
3 エ 行《こう》為《い》
4 ウ 鬼《き》気《き》
5 イ 発《はっ》揮《き》
6 エ 祈《き》願《がん》
7 ア 趣《しゅ》向《こう》
8 オ 朱《しゅ》肉《にく》
9 ウ 修《しゅ》行《ぎょう》
10 エ 光《こう》陰《いん》
11 イ 隠《いん》居《きょ》
12 オ 引《いん》責《せき》
13 イ 耐《た》える
14 エ 絶《た》える
15 ア 断《た》つ

1「依存《いそん》」は、他に頼って存在・生活すること。
2「威厳《いげん》」は、堂々としておごそかなこと。いかめしいこと。
7「趣向《しゅこう》」は、おもむき。意向。また、物事を行う際のおもしろい工夫。
11「隠居《いんきょ》」は、仕事から退いて静かに暮らすこと。また、その人。
12「引責《いんせき》」は、責任を自らの身に引き受けること。責任を取ること。

三 漢字識別

各2点 計10点

□の中は共通する漢字です。

1 ア 与《よ》党《とう》・関《かん》与《よ》・授《じゅ》与《よ》
2 ケ 体《たい》罰《ばつ》・罰《ばっ》点《てん》・賞《しょう》罰《ばつ》
3 ウ 家《か》紋《もん》・波《は》紋《もん》・指《し》紋《もん》
4 ク 煙《えん》突《とつ》・煙《えん》幕《まく》・煙《えん》霧《む》
5 キ 右《う》翼《よく》・尾《び》翼《よく》・翼《よく》賛《さん》

四 熟語の構成

各2点 計20点

1 ア
2 エ
3 ウ
4 イ
5 ウ
6 ア
7 エ
8 オ
9 イ
10 エ

援助《えんじょ》 どちらも「たすける」意。
整髪《せいはつ》 整（える）↑髪（を）
悲恋《ひれん》 悲（しい）↓恋
栄枯《えいこ》 栄（える）↕枯（れる）
黙読《もくどく》 黙（って）↓読（む）
繁茂《はんも》 どちらも「しげる」意。
避暑《ひしょ》 避（ける）↑暑（さを）
未婚《みこん》 未（いまだ）（結）婚（せず）。「まだ結婚しない」
利害《りがい》 利（益）↕（損）害
違法《いほう》 違（える）↑法（を）

五 部首

各1点 計10点

グレーの部分は部首の名前です。

1 ア ⺮ たけかんむり
2 ウ 走 そうにょう
3 エ 𠆢 ひとやね
4 イ 艹 くさかんむり
5 エ 釒 かねへん
6 ア 羽 はね
7 エ 扌 てへん
8 ウ 言 ごんべん
9 イ 音 おと
10 イ 刂 りっとう

六 対義語・類義語

各2点 計20点

グレーの部分は問題の熟語です。

1 深夜《しんや》－白昼《はくちゅう》
2 全休《ぜんきゅう》－皆勤《かいきん》
3 末節《まっせつ》－根幹《こんかん》
4 新鮮《しんせん》－腐敗《ふはい》
5 正攻《せいこう》－奇襲《きしゅう》
6 作法《さほう》－礼儀《れいぎ》
7 知己《ちき》－親友《しんゆう》
8 備蓄《びちく》－貯蔵《ちょぞう》
9 栄光《えいこう》－名誉《めいよ》
10 固守《こしゅ》－堅持《けんじ》

七 漢字と送りがな

各2点 計10点

1 探《さぐ》る
2 群《むら》がる
3 眠《ねむ》る
4 踏《ふ》まえ
5 躍《おど》る

八 四字熟語

各2点 計20点

グレーの部分は解答の補足です。

1 一挙両得《いっきょりょうとく》
2 急転直下《きゅうてんちょっか》
3 無病息災《むびょうそくさい》
4 悪口雑言《あっこうぞうごん》
5 立身出世《りっしんしゅっせ》
6 文武両道《ぶんぶりょうどう》
7 外交辞令《がいこうじれい》
8 千慮一失《せんりょのいっしつ》
9 威風堂堂《いふうどうどう》
10 雲散霧消《うんさんむしょう》

一つのことをして、二つの利益を収めること。一石二鳥。

形勢が急に変わって、事件などが解決に向かうこと。

病気をしないで、健康であること。

口にまかせていろいろ悪口を言うこと。「雑言」は「ぞうげん」とも読む。

社会的な地位を確立して名をあげること。

学問と武芸の両方。

外交上使う儀礼的な言葉。転じて、口先だけの形式的なお世辞のこと。

かしこい者が、どんなに入念に考えたことでも、一つぐらいは失敗や間違いがあるということ。

重々しくどっしりと威厳に満ちているようす。

雲や霧が消えうせるように、物事があとかたもなく消えてなくなること。

九 誤字訂正

各2点 計10点

グレーの部分は誤字・正字を含む熟語です。

［誤］ ［正］
1 性脳 → 性能
2 損重 → 尊重
3 給水 → 吸水
4 敬戒 → 警戒
5 回複 → 回復

十 書き取り

各2点 計40点

グレーの部分は解答の補足です。

1 亡命《ぼうめい》
2 高層《こうそう》
3 加盟《かめい》
4 演奏《えんそう》
5 派手《はで》
6 血糖《けっとう》
7 極秘《ごくひ》
8 忠誠《ちゅうせい》
9 丹念《たんねん》
10 堤防《ていぼう》
11 紅《くれない》
12 敵《かたき》討《う》ち
13 胸《むね》
14 著《あらわ》す
15 生《は》える
16 丈《たけ》
17 踏《ふ》み
18 怒《おこ》る
19 映《うつ》す
20 認《みと》める

1「亡命《ぼうめい》」は、政治的意見や思想、宗教、民族の相違などの理由による迫害を避けるために、自国から他国へのがれること。

3「加盟《かめい》」は、団体や組織などに、一員として加わること。

5「派手《はで》」は、はなやかで人目につくさま。

8「忠誠《ちゅうせい》」は、所属する国家や団体、特定の人物などに対する、忠実で正直な心。また、忠義を尽くすこと。

9「丹念《たんねん》」は、真心を込め、念を入れて行うこと。

一 読み

各1点 計30点

グレーの部分は解答の補足です。

1 きょとう
2 ちんじゅう
3 ぜんぷく
4 そっこう
5 てっとう
6 どくぜつ
7 じんえい
8 かんそう
9 だつぼう
10 ばんじゃく
11 きょうたん
12 ねっきょう
13 きゅうえん
14 ひしょ
15 かんじゅ
16 きょり
17 れっか
18 きそ
19 とべい
20 おんけい
21 ゆうばえ
22 うかがい
23 むすめ
24 おめし
25 あとかた
26 わすれる
27 たきぎ
28 おそく
29 かたぐるま
30 うば

3「全幅《ぜんぷく》」は、はばいっぱい。また、あらん限り。
6「毒舌《どくぜつ》」は、きわめて手厳しい皮肉や批判の言葉。
9「脱帽《だつぼう》」は、敬意を表して帽子をぬぐこと。降参の意を表すこと。
10「盤石《ばんじゃく》」は、大きな岩。また、きわめて堅固なこと。
15「甘受《かんじゅ》」は、あまんじてうけ入れること。
17「烈火《れっか》」は、はげしく燃える火。
20「恩恵《おんけい》」は、恵み、いつくしみ。

二 同音・同訓異字

各2点 計30点

解答の下は選択肢の漢字を含んだ熟語です。

1 イ 誇大《こだい》
2 オ 鼓笛《こてき》
3 エ 点呼《てんこ》
4 オ 踏襲《とうしゅう》
5 エ 秀抜《しゅうばつ》
6 ア 群衆《ぐんしゅう》
7 ウ 箇所《かしょ》
8 ア 過激《かげき》
9 オ 余暇《よか》
10 エ 騒音《そうおん》
11 イ 高僧《こうそう》
12 ウ 同窓会《どうそうかい》
13 エ 留《と》める
14 ウ 執《と》り
15 オ 泊《と》める

1「誇大《こだい》」は、実際より大きく言ったり考えたりすること。
4「踏襲《とうしゅう》」は、前人のやり方などをそのまま受け継ぐこと。
5「秀抜《しゅうばつ》」は、他よりきわだってすぐれていること。また、そのさま。
11「高僧《こうそう》」は、修行を積んだ徳の高い僧。また、位の高い僧。

三 漢字識別

各2点 計10点

□の中は共通する漢字です。

1 ウ 高峰《こうほう》・連峰《れんぽう》・名峰《めいほう》
2 ア 腐食《ふしょく》・防腐《ぼうふ》・腐敗《ふはい》
3 オ 連絡《れんらく》・脈絡《みゃくらく》・短絡《たんらく》
4 ケ 老齢《ろうれい》・樹齢《じゅれい》・妙齢《みょうれい》
5 カ 脚色《きゃくしょく》・脚注《きゃくちゅう》・失脚《しっきゃく》

四 熟語の構成

各2点 計20点

1 ア
2 エ
3 ア
4 イ
5 オ
6 ア
7 ウ
8 イ
9 ウ
10 エ

損壊《そんかい》 どちらも「そこなう、こわれる」意。
尽力《じんりょく》 尽(くす)↑力(を)
尋問《じんもん》 どちらも「きく、たずねる」意。
難易《なんい》 難(しい)⇔易(しい)
未詳《みしょう》 未(いまだ)詳(しからず)。「まだはっきりしない」
舞踊《ぶよう》 どちらも「おどる」意。
皆勤《かいきん》 皆(すべて)↓勤(める)
賞罰《しょうばつ》 賞(ほうび)⇔罰(仕置き)
互助《ごじょ》 互(いに)↓助(ける)
拍手《はくしゅ》 拍(たたく)↑手(を)

五 部首

グレーの部分は部首の名前です。

各1点 計10点

1 イ ⻗ あめかんむり
2 ウ 力 ちから
3 イ 一 いち
4 ア 扌 てへん
5 イ 舌 した
6 ウ 口 くちへん
7 ア 木 き
8 エ 釒 かねへん
9 ア 犭 けものへん
10 エ 馬 うまへん

六 対義語・類義語

グレーの部分は問題の熟語です。

各2点 計20点

1 応答《おうとう》 ― 質疑《しつぎ》
2 義務《ぎむ》 ― 権利《けんり》
3 節約《せつやく》 ― 乱費《らんぴ》
4 服従《ふくじゅう》 ― 違背《いはい》
5 陽気《ようき》 ― 陰気《いんき》
6 明白《めいはく》 ― 歴然《れきぜん》
7 死去《しきょ》 ― 永眠《えいみん》
8 汚名《おめい》 ― 悪評《あくひょう》
9 進路《しんろ》 ― 前途《ぜんと》
10 美形《びけい》 ― 麗人《れいじん》

七 漢字と送りがな

各2点 計10点

1 優《やさ》しい
2 基《もと》づき
3 尋《たず》ねる
4 珍《めずら》しい
5 鮮《あざ》やか

八 四字熟語

グレーの部分は解答の補足です。

各2点 計20点

1 一衣帯水《いちいたいすい》
2 喜色満面《きしょくまんめん》
3 絶体絶命《ぜったいぜつめい》
4 大器晩成《たいきばんせい》
5 危機一髪《ききいっぱつ》
6 熟慮断行《じゅくりょだんこう》
7 用意周到《よういしゅうとう》
8 山紫水明《さんしすいめい》
9 公序良俗《こうじょりょうぞく》
10 率先垂範《そっせんすいはん》

互いの関係が非常に近しいこと。

喜びの表情が、顔いっぱいにあらわれている様子。

体も命もきわまるほどの、とうてい逃れられない困難な立場にあること。

大人物は、年をとってから頭角をあらわすようになるということ。

もう少しで、危険な状態になるところであること。

十分に考えたうえで思い切って行うこと。

用意が十分に行き届いていること。

山や川などの自然の風景が美しいこと。

広く適切であると認められている公の秩序《ちつじょ》と好ましい習慣。

人々の先に立って、自ら模範を示すこと。

九 誤字訂正

グレーの部分は誤字・正字を含む熟語です。

各2点 計10点

［誤］ ［正］
1 任識 ↓ 認識
2 源占 ↓ 源泉
3 姿征 ↓ 姿勢
4 逃忙 ↓ 逃亡
5 被外 ↓ 被害

十 書き取り

グレーの部分は解答の補足です。

各2点 計40点

1 天守閣《てんしゅかく》
2 軍拡《ぐんかく》
3 筋肉《きんにく》
4 穀倉《こくそう》
5 支障《ししょう》
6 憲章《けんしょう》
7 負傷《ふしょう》
8 治療《ちりょう》
9 微熱《びねつ》
10 京浜《けいひん》
11 灰皿《はいざら》
12 度《たび》
13 和《なご》やか
14 蔵《くら》
15 役割《やくわり》
16 自《みずか》ら
17 峠《とうげ》
18 暦《こよみ》
19 人影《ひとかげ》
20 空似《そらに》

2「軍拡《ぐんかく》」は、「軍備拡張」の略。

4「穀倉《こくそう》」は、穀物をたくわえておく倉庫。「穀倉地帯」は、都市部に供給できるほど穀物を豊富に産する地域。

5「支障《ししょう》」は、さしさわり。さしつかえ。

6「憲章《けんしょう》」は、重要で根本的な原則を定めた取り決め。

18「暦《こよみ》」は時の流れを年、月、週、日の単位で区切り、体系化したもの。カレンダー。

20「空似《そらに》」は、血縁でないのに顔がよく似ていること。

一 読み

各1点 計30点

グレーの部分は解答の補足です。

1 けいしょう
2 きぞう
3 とうとつ
4 じらい
5 びねつ
6 ぜっきょう
7 ぎょうし
8 すいそう
9 いがん
10 きゅうせい
11 もうい
12 こくえん
13 がりょう
14 かんこく
15 くっし
16 じょう
17 ろんし
18 にまんえん
19 やくざい
20 におう
21 えがお
22 がら
23 とまどう
24 つかれ
25 こし
26 しく
27 ぬま
28 のきなみ
29 つめる
30 おおうなばら

11「猛《もう》威《い》」は、猛烈な勢い、すさまじい威力のこと。

15「屈《くっ》指《し》」は、多数の中で、特に指を折って数えられるほど、すぐれていること。

17「論《ろん》旨《し》」は、文章や議論の主旨。

25「話《はなし》の腰《こし》を折《お》る」は、途中で口をはさんで、相手の話をさえぎる。

28「軒《のき》並《な》み」は、家々が軒を並べて建っていること。並んでいる一軒一軒の家。（副詞的に）どれもこれも。

二 同音・同訓異字

各2点 計30点

解答の下は選択肢の漢字を含んだ熟語です。

1 ウ 途《と》方《ほう》
2 エ 渡《と》航《こう》
3 ア 吐《と》息《いき》
4 エ 濃《のう》密《みつ》
5 ア 苦《く》悩《のう》
6 オ 納《のう》入《にゅう》
7 ア 搬《はん》送《そう》
8 オ 販《はん》路《ろ》
9 イ 模《も》範《はん》
10 オ 獲《かく》得《とく》
11 イ 比《ひ》較《かく》
12 ウ 改《かい》革《かく》
13 エ 咲《さ》く
14 ウ 避《さ》ける
15 ア 割《さ》く

1「途《と》方《ほう》」は、てだて。手段。「途方に暮《く》れる」は、方法がなくてどうしたらよいかわからない。

6「納《のう》入《にゅう》」は、学校や会社などに、お金や品物を納めること。

7「搬《はん》送《そう》」は、荷物などを運び送ること。

9「模《も》範《はん》」は、見習うべき手本。

12「改《かい》革《かく》」は、改めてよりよいものにかえること。

三 漢字識別

各2点 計10点

□の中は共通する漢字です。

1 キ 発《はっ》汗《かん》・寝《ね》汗《あせ》・汗《あせ》水《みず》
2 オ 天《てん》賦《ぷ》・賦《ふ》与《よ》・賦《ふ》役《えき》
3 イ 凶《きょう》器《き》・凶《きょう》悪《あく》・凶《きょう》作《さく》
4 ケ 互《ご》助《じょ》・相《そう》互《ご》・互《ご》角《かく》
5 カ 近《きん》況《きょう》・好《こう》況《きょう》・活《かっ》況《きょう》

四 熟語の構成

各2点 計20点

1 ア
2 エ
3 ウ
4 ア
5 ウ
6 イ
7 エ
8 イ
9 オ
10 エ

希《き》薄《はく》 どちらも「うすい」意。
起《き》床《しょう》 起（きる）↑床（から）
腕《わん》章《しょう》 腕（につけた）↓章（目印の布）
脂《し》肪《ぼう》 どちらも「あぶら」の意。
強《きょう》震《しん》 強（い）↓震（え）
経《けい》緯《い》 経（たて）⇕緯（よこ）
握《あく》手《しゅ》 握（る）↑手（を）
師《し》弟《てい》 師⇕弟（子）
無《む》為《い》 無（否定）＋為（する）。「何もしない」
執《しっ》筆《ぴつ》 執（る）↑筆（を）

五 部首

各1点 計10点

グレーの部分は部首の名前です。

1 イ 羽 はね
2 ウ 日 ひ
3 エ 車 くるま
4 イ 𧾷 あしへん
5 ウ 皿 さら
6 イ 忄 りっしんべん
7 エ 口 くちへん
8 ア 一 いち
9 ウ 里 さと
10 ア 飠 しょくへん

六 対義語・類義語

各2点 計20点

グレーの部分は問題の熟語です。

1 中正《ちゅうせい》―極端《きょくたん》
2 確信《かくしん》―憶測《おくそく》
3 却下《きゃっか》―受理《じゅり》
4 奇抜《きばつ》―平凡《へいぼん》
5 開国《かいこく》―鎖国《さこく》
6 寸志《すんし》―薄謝《はくしゃ》
7 横領《おうりょう》―着服《ちゃくふく》
8 筋道《すじみち》―脈絡《みゃくらく》
9 永遠《えいえん》―不朽《ふきゅう》
10 抜群《ばつぐん》―優秀《ゆうしゅう》

七 漢字と送りがな

各2点 計10点

1 頂《いただ》く
2 養《やしな》う
3 隠《かく》れる
4 避《さ》ける
5 冒《おか》される

八 四字熟語

各2点 計20点

グレーの部分は解答の補足です。

1 共存《きょうぞん》共栄《きょうえい》
2 小春日和《こはるびより》
3 自画自賛《じがじさん》
4 事大主義《じだいしゅぎ》
5 質疑《しつぎ》応答《おうとう》
6 出処進退《しゅっしょしんたい》
7 正当防衛《せいとうぼうえい》
8 一網打尽《いちもうだじん》
9 現状維持《げんじょういじ》
10 五里霧中《ごりむちゅう》

ともに助け合い、ともに栄えること。「共存」は「きょうそん」とも読む。

晩秋から初冬のころの、春のように暖かくおだやかに晴れた天気。

自分で自分のことをほめること。

自分の信念を持たず、強いものに迎合して自己保身を図る態度や考え。

質問と、それに対する答え。

とどまるか否《いな》かの自分の身の振り方。

危害を加えられたり、危険が迫る状況で、自分や他人を守るためにやむを得ず行う加害行為。

悪人をまとめて捕らえ尽くすこと。

現在の状態をそのまま保つこと。

現在の状態がわからず、見通しや方針のまったく立たないことのたとえ。

九 誤字訂正

各2点 計10点

グレーの部分は誤字・正字を含む熟語です。

［誤］［正］

1 増化→増加
2 捕給→補給
3 騒前→騒然
4 見織→見識
5 示援→支援

十 書き取り

各2点 計40点

グレーの部分は解答の補足です。

1 庁舎《ちょうしゃ》
2 俳句《はいく》
3 派遣《はけん》
4 数冊《すうさつ》
5 野党《やとう》
6 署名《しょめい》
7 故障《こしょう》
8 宣伝《せんでん》
9 生誕《せいたん》
10 一滴《いってき》
11 城《しろ》
12 欲《ほ》しい
13 厳《おごそ》か
14 困《こま》った
15 至《いた》らな
16 洗《あら》う
17 舞《ま》い
18 髪《かみ》
19 激《はげ》しい
20 砂浜《すなはま》

1「庁舎《ちょうしゃ》」は、国の仕事をする役所の建物。

2「俳句《はいく》」は、五・七・五の十七音であらわす短い詩。

5「野党《やとう》」は、政党政治において、現在のところ政権を担当していない側の政党。

6「署名《しょめい》」は、自分の名を書き記すこと。

9「生誕《せいたん》」は、人が生まれること。誕生。

13「厳《おごそ》か」は、いかめしいさま。

15「大事《だいじ》に至《いた》る」は、小さな出来事が、深刻な問題に発展すること。

問題は本冊P106〜111

一 読み

各1点 計30点

グレーの部分は解答の補足です。

1 しょうかい
2 ぜにん
3 きじょう
4 へいぼん
5 しがいせん
6 ぜっぺき
7 すじょう
8 ほそう
9 ろうきゅう
10 びんそく
11 ほうふ
12 はっぽう
13 しぼう
14 こうしゃく
15 ふうし
16 ぼうせん
17 りゅうし
18 はとば
19 げんえき
20 きろ
21 がくぶち
22 いくど
23 あつかう
24 せまい
25 うつわ
26 おもかげ
27 うわついた
28 しはらう
29 おくがた
30 ふぶき

2「是認《ぜにん》」は、よいと認めること。

3「気丈《きじょう》」は、気の持ち方がしっかりしていること。心の確かなこと。

11「抱負《ほうふ》」は、心の中で思っている決意や志望のこと。

15「風刺《ふうし》」は、遠まわしに社会・人物の欠点や罪悪などを批判すること。

17「粒子《りゅうし》」は、物質を構成する細かいつぶ。

20「岐路《きろ》」は、道が分かれるところ。将来が決定すると言った重要な場面。

二 同音・同訓異字

各2点 計30点

解答の下は選択肢の漢字を含んだ熟語です。

1 オ 歳末《さいまつ》
2 イ 連載《れんさい》
3 エ 仲裁《ちゅうさい》
4 ウ 詳述《しょうじゅつ》
5 オ 武将《ぶしょう》
6 イ 障子《しょうじ》
7 ウ 無恥《むち》
8 エ 遅延《ちえん》
9 オ 乳兄弟《ちきょうだい》
10 エ 盗作《とうさく》
11 イ 浸透《しんとう》
12 オ 記念塔《きねんとう》
13 オ 捕《と》らぬ
14 エ 跳《と》び
15 イ 解《と》ける

4「詳述《しょうじゅつ》」は、くわしく述べること。

9「乳兄弟《ちきょうだい》」は、血のつながりはないが、同じ女性の乳で育てられた者どうし。

10「盗作《とうさく》」は、他人の作品の一部または全部を、そのまま自分の作品として使用・発表すること。

11「浸透《しんとう》」は、水などがしみこむこと。また、考え方や風潮などがしだいに広く行きわたること。

三 漢字識別

各2点 計10点

□の中は共通する漢字です。

1 イ 精彩《せいさい》・彩色《さいしき(しょく)》・異彩《いさい》
2 コ 破天荒《はてんこう》・荒天《こうてん》・荒野《こうや》
3 エ 煮物《にもの》・煮豆《にまめ》・雑煮《ぞうに》
4 キ 巡回《じゅんかい》・巡視《じゅんし》・巡礼《じゅんれい》
5 ケ 倒産《とうさん》・打倒《だとう》・圧倒《あっとう》

四 熟語の構成

各2点 計20点

1 ウ 激突《げきとつ》 激(しく)↓突(く)
2 ア 代替《だいたい》 どちらも「かえる」意。
3 エ 提訴《ていそ》 提(出する)↑訴(えを)
4 イ 安危《あんき》 安(全)⇔危(険)
5 エ 脱帽《だつぼう》 脱(ぐ)↑帽(子を)
6 ア 比較《ひかく》 どちらも「くらべる」意。
7 オ 不慮《ふりょ》 不(否定)+慮(思う)。「思いもしない」
8 イ 雅俗《がぞく》 (優)雅⇔俗(いやしい)
9 ア 派遣《はけん》 どちらも「行かせる」意。
10 ウ 黙認《もくにん》 黙(って)↓認(める)

五 部首

グレーの部分は部首の名前です。

各1点 計10点

1 ア 工 え たくみ
2 イ 扌 てへん
3 ウ 曰 ひらび いわく
4 エ 艹 くさかんむり
5 ア 豕 ぶた いのこ
6 ウ 亻 にんべん
7 エ 肉 にく
8 ウ 舟 ふね
9 イ 刂 りっとう
10 ア 田 た

六 対義語・類義語

グレーの部分は問題の熟語です。

各2点 計20点

1 定例《ていれい》—臨時《りんじ》
2 慎重《しんちょう》—軽挙《けいきょ》
3 勇将《ゆうしょう》—弱卒《じゃくそつ》
4 険悪《けんあく》—柔和《にゅうわ》
5 類似《るいじ》—相違《そうい》
6 精進《しょうじん》—尽力《じんりょく》
7 名誉《めいよ》—栄光《えいこう》
8 異同《いどう》—差異《さい》
9 偉人《いじん》—英雄《えいゆう》
10 前半《ぜんはん》—序盤《じょばん》

七 漢字と送りがな

各2点 計10点

1 閉《と》ざす
2 操《あやつ》る
3 汚《きたな》い
4 握《にぎ》り
5 叫《さけ》び

八 四字熟語

グレーの部分は解答の補足です。

各2点 計20点

1 厳正中立《げんせいちゅうりつ》
2 油断大敵《ゆだんたいてき》
3 一宿一飯《いっしゅくいっぱん》
4 意味深長《いみしんちょう》
5 事実無根《じじつむこん》
6 因果応報《いんがおうほう》
7 行雲流水《こううんりゅうすい》
8 旧態依然《きゅうたいいぜん》
9 言行一致《げんこういっち》
10 不即不離《ふそくふり》

どちらか片方にかたよることなく、厳しく中立の立場を守ること。

油断していると思わぬ失敗をするから、油断は大きな敵であるということ。

一晩泊めてもらい、食事を一食ごちそうになること。

言葉や文章、態度などにふくみのある意味が隠されている様子。

根拠がないこと。まったくでたらめなこと。

過去の因縁に応じて、報いがあるということ。

物事に執着しないで自由な気持ちでいる様子。

昔のままで進歩がまったくないさま。

言っていることと、行っていることが一致していること。

つかず離れずの関係。あたらずさわらずのあいまいなさま。

九 誤字訂正

グレーの部分は誤字・正字を含む熟語です。

各2点 計10点

［誤］［正］

1 滴度→適度
2 毒占→独占
3 調折→調節
4 引隊→引退
5 参勧→参観

十 書き取り

グレーの部分は解答の補足です。

各2点 計40点

1 系《けい》図《ず》
2 野《や》暮《ぼ》
3 故《こ》郷《きょう》
4 翌《よく》朝《あさ》
5 革《かく》命《めい》
6 補《ほ》足《そく》
7 朗《ろう》読《どく》
8 自《じ》律《りつ》
9 搬《はん》入《にゅう》
10 腰《よう》痛《つう》
11 片《かた》時《とき》
12 民《たみ》
13 若《わか》気《げ》
14 熟《う》れる
15 窓《まど》辺《べ》
16 眠《ねむ》く
17 矛《ほこ》先《さき》
18 省《かえり》みる
19 茂《しげ》み
20 拝《おが》む

2「野暮《やぼ》」は、人情の機微を解さないこと。言動や趣味などが洗練されていないこと。また、そのような人。

5「革命《かくめい》」は、支配される側の人々が支配者を倒し、国家や社会の体制を根本から変えること。また、物事が急激に変化・発展すること。

8「自律神経《じりつしんけい》」は、意思とは無関係に、内臓や血管、腺《せん》などの機能を自動的に調節する神経。

13「若気《わかげ》」は、血気にはやる若者の気持ち。

17「矛先《ほこさき》」は、攻撃の方向。

問題は本冊P112～117

一 読み

各1点 計30点

グレーの部分は解答の補足です。

1 れんぽう
2 えいよ
3 ふうふ
4 こんだく
5 れいぞく
6 どんか
7 ほそう
8 しゅんこく
9 こうたい
10 とうは
11 かいむ
12 かんきん
13 はんきょう
14 けいひん
15 げきちん
16 しょうほう
17 しゅとけん
18 しゅくぼう
19 せしゅう
20 ぼんおどり
21 たたかう
22 しろもの
23 とうげ
24 うすぐもり
25 おかして
26 つつしむ
27 しばふ
28 ほこる
29 まめつぶ
30 いなずま いなづま

1「連峰《れんぽう》」は、連なっている山々。

4「混濁《こんだく》」は、まじってにごること。意識がぼんやりしてくること。

5「隷属《れいぞく》」は、他人や他国に従属すること。

10「踏破《とうは》」は、困難な道や長い道のりを歩き抜くこと。

11「皆無《かいむ》」は、まったく存在しないこと。何もないこと。

18「宿坊《しゅくぼう》」は、寺院で参詣《けい》者の泊まるところ。

22「代物《しろもの》」は、売買する品物。物や人を低く評価したり、いやしめて言うことが多い。

二 同音・同訓異字

各2点 計30点

解答の下は選択肢の漢字を含んだ熟語です。

1 イ 楽聖《がくせい》
2 オ 征服《せいふく》
3 エ 誠実《せいじつ》
4 ア 胴上《どうあ》げ
5 オ 神童《しんどう》
6 エ 導火線《どうかせん》
7 オ 腐心《ふしん》
8 ウ 富豪《ふごう》
9 イ 布教《ふきょう》
10 エ 輩出《はいしゅつ》
11 オ 背信《はいしん》
12 イ 俳優《はいゆう》
13 ア 詰《つ》め
14 オ 突《つ》き
15 ウ 尽《つ》くす

1「楽聖《がくせい》」は、きわめて偉大な音楽家をたたえていう語。

5「神童《しんどう》」は、きわめて才知のすぐれた子ども。

7「腐心《ふしん》」は、ある事を成すために心を悩ますこと。苦心。

9「布教《ふきょう》」は、宗教を広めること。

11「背信《はいしん》」は、自分に寄せられた信頼を裏切ること。信義にそむくこと。

三 漢字識別

各2点 計10点

□の中は共通する漢字です。

1 ケ 堅実《けんじつ》・中堅《ちゅうけん》・堅持《けんじ》
2 イ 祝杯《しゅくはい》・乾杯《かんぱい》・満杯《まんぱい》
3 コ 爆笑《ばくしょう》・爆撃《ばくげき》・爆弾《ばくだん》
4 ク 駆使《くし》・先駆《せんく》・駆動《くどう》
5 ア 陣営《じんえい》・陣痛《じんつう》・出陣《しゅつじん》

四 熟語の構成

各2点 計20点

1 ア
2 イ
3 エ
4 オ
5 ウ
6 エ
7 ア
8 ウ
9 イ
10 エ

迷惑《めいわく》 どちらも「まよわす、まどわせる」意。
断続《だんぞく》 断(つ)⇔続(く)
遅刻《ちこく》 遅(れる)↑刻(時間に)
未済《みさい》 未(いまだ)済(まない)「まだ済んでいない」
感涙《かんるい》 感(激して流す)↓涙
就寝《しゅうしん》 就(く)↑寝(眠りに)
柔和《にゅうわ》 どちらも「やわらかい」意。
麦飯《むぎめし》 麦(の)↓飯
雌雄《しゆう》 雌(めす)⇔雄(おす)
執務《しつむ》 執(る)↑(事)務(を)

五 部首

各1点 計10点

グレーの部分は部首の名前です。

1 エ 糸 いとへん
2 ア 𧾷 あしへん
3 エ 月 にくづき
4 イ 舛 まいあし
5 エ 歯 はへん
6 ウ ⻗ あめかんむり
7 イ 土 つち
8 ウ 氵 さんずい
9 イ 石 いしへん
10 ア 夕 ゆうべ た

六 対義語・類義語

各2点 計20点

グレーの部分は問題の熟語です。

1 近隣《きんりん》—遠方《えんぽう》
2 未熟《みじゅく》—老練《ろうれん》
3 簡易《かんい》—繁雑《はんざつ》
4 快勝《かいしょう》—惨敗《ざんぱい》
5 落第《らくだい》—及第《きゅうだい》
6 依頼《いらい》—委任《いにん》
7 平素《へいそ》—普段《ふだん》
8 探検《たんけん》—冒険《ぼうけん》
9 領域《りょういき》—範囲《はんい》
10 黙視《もくし》—傍観《ぼうかん》

七 漢字と送りがな

各2点 計10点

1 軽《かろ》やか
2 志《こころざ》し
3 浮《う》かべる
4 描《えが》く
5 惑《まど》わされる

八 四字熟語

各2点 計20点

グレーの部分は解答の補足です。

1 音信《おんしん》不《ふ》通《つう》
2 白河《しらかわ》夜《よ》船《ふね》
3 安心立命《あんしんりつめい》
4 海外《かいがい》渡《と》航《こう》
5 奇想《きそう》天外《てんがい》
6 大器《たいき》晩成《ばんせい》
7 笑止《しょうし》千万《せんばん》
8 一触即発《いっしょくそくはつ》
9 有為《うい》転変《てんぺん》
10 新進気鋭《しんしんきえい》

1 手紙や電話などの連絡が何もないこと。
2 知ったかぶり。また、何も気がつかないほどぐっすり寝入っているさま。
3 どんな場合でも心を乱されないこと。「あんじんりつめい」「あんじんりゅうみょう」などとも読む。
4 航空機や船で海外へ出かけること。
5 普通の人が思いもつかない考え。
6 偉大な人物は、若いころは目立たずゆっくり実力を養い、晩年に大成するということ。
7 非常にくだらなくて、ばかばかしいこと。「千万」はこの上なくひどいこと。
8 少し触れただけで爆発しそうなこと。危機に直面していること。
9 この世のものはすべて変わっていくということ。「転変」は「てんぺん」とも読む。
10 新たに参加したてで非常に意気込み、勢いが盛んなこと。また、その人。

九 誤字訂正

各2点 計10点

グレーの部分は誤字・正字を含む熟語です。

［誤］ ［正］
1 一率 → 一律
2 否判 → 批判
3 未前 → 未然
4 激薬 → 劇薬
5 高僧 → 高層

十 書き取り

各2点 計40点

グレーの部分は解答の補足です。

1 順延《じゅんえん》
2 品詞《ひんし》
3 危害《きがい》
4 権限《けんげん》
5 指揮《しき》
6 鉄鋼《てっこう》
7 度胸《どきょう》
8 策略《さくりゃく》
9 陛下《へいか》
10 天井《てんじょう》
11 田舎《いなか》
12 蒸《む》し
13 収《おさ》める
14 訪《おとず》れ
15 集《つど》う
16 梅雨《つゆ》
17 剣道《けんどう》
18 蚕《かいこ》
19 縁《ふち》
20 弾圧《だんあつ》

1「順延《じゅんえん》」は、順番に期日を延ばすこと。

3「危害《きがい》」は、身体や生命を傷つけられるような危険なこと。

5「指揮《しき》」は、人の上に立ち、全体をまとめて指示をすること。ここでは、演奏を統率すること。

8「策略《さくりゃく》」は、目的を成し遂《と》げるために、相手を困難な状況に追い込むはかりごと。計略。

20「弾圧《だんあつ》」は、おさえつけること。とくに、支配者が権力を使って反対勢力を押さえつけること。

4級 本試験型テスト 第10回 解答・解説

問題は本冊P118~123

一 読み

各1点 計30点

グレーの部分は解答の補足です。

1 かんこ
2 そくざ
3 けいぞく
4 こういん
5 しゅうこう
6 げいごう
7 しはん
8 とたん
9 いっぴき
10 ばっきん
11 にゅうわ
12 たいようれき
13 しゅうほう
14 おうしょう
15 りょうよう
16 こうまん
17 ひがた
18 れいひつ
19 きもん
20 きしょう
21 ふくむ
22 つばさ
23 つゆはらい
24 ひま
25 意《い》気《き》ごみ
26 いだいた
27 こい
28 たがい
29 につめる
30 じゃり ざり

1「歓呼《かんこ》」は、喜んで声をあげること。

6「迎合《げいごう》」は、他人に気に入られるように調子を合わせること。

11「柔和《にゅうわ》」は、性質や態度がやさしくおとなしいこと。

14「応召《おうしょう》」は、呼び出しに応じること。とくに、召集に応じて軍務につくこと。

18「麗筆《れいひつ》」は、美しい筆跡や文章。

19「鬼門《きもん》」は、不吉《きつ》な方角。また、苦手とする物や人、事柄。

二 同音・同訓異字

各2点 計30点

解答の下は選択肢の漢字を含んだ熟語です。

1 ア 乾燥機《かんそうき》
2 ウ 騒然《そうぜん》
3 オ 相互《そうご》
4 ウ 扇動《せんどう》
5 オ 鮮度《せんど》
6 ア 宣告《せんこく》
7 ア 博識《はくしき》
8 イ 漂泊《ひょうはく》
9 オ 迫真《はくしん》
10 イ 三拍子《さんびょうし》
11 エ 平等《びょうどう》
12 オ 素描《そびょう》
13 オ 敷《し》く
14 エ 占《し》める
15 ウ 強《し》いる

2「騒然《そうぜん》」は、大勢の人でざわざわとして騒がしいさま。また、不穏《おん》で落ち着かない様子。

7「博識《はくしき》」は、広く知識があること。また、そのさま。博学。

9「迫真《はくしん》」は、真にせまること。いかにもそのものらしいこと。

12「素描《そびょう》」は、木炭や鉛筆などを使い、単色の線で物の形を描くこと。またその描いた絵。デッサン。

三 漢字識別

各2点 計10点

□の中は共通する漢字です。

1 カ 狭義《きょうぎ》・狭小《きょうしょう》・広狭《こうきょう》
2 ア 鑑賞《かんしょう》・図鑑《ずかん》・鑑定《かんてい》
3 キ 今更《いまさら》・変更《へんこう》・更新《こうしん》
4 オ 環状《かんじょう》・一環《いっかん》・環境《かんきょう》
5 イ 噴火《ふんか》・噴煙《ふんえん》・噴水《ふんすい》

四 熟語の構成

各2点 計20点

1 イ
2 ア
3 ウ
4 ア
5 エ
6 ウ
7 オ
8 イ
9 エ
10 イ

首尾《しゅび》 首(あたま)↕尾
皮膚《ひふ》 どちらも「はだ」の意。
砂丘《さきゅう》 砂(でできた)↓丘
運搬《うんぱん》 どちらも「はこぶ」意。
冒険《ぼうけん》 冒(す)↑(危)険(を)
敏腕《びんわん》 敏(すばやい)↓(手)腕
無為《むい》 無(否定)＋為(する)。「何もしない」
攻守《こうしゅ》 攻(める)↕守(る)
観劇《かんげき》 観(見る)↑(演)劇(を)
喜怒《きど》 喜(び)↕怒(り)

五 部首

グレーの部分は部首の名前です。

各1点 計10点

1 イ 彡 さんづくり
2 エ 肉 にく
3 イ 弋 しきがまえ
4 エ 車 くるまへん
5 ア ⻗ あめかんむり
6 ウ 木 きへん
7 ア 言 ごんべん
8 エ 殳 るまた ほこづくり
9 ア 宀 うかんむり
10 ウ 口 くち

六 対義語・類義語

グレーの部分は問題の熟語です。

各2点 計20点

1 沈黙《ちんもく》 ― 発言《はつげん》
2 活用《かつよう》 ― 死蔵《しぞう》
3 油断《ゆだん》 ― 警戒《けいかい》
4 巨大《きょだい》 ― 微細《びさい》
5 看過《かんか》 ― 摘発《てきはつ》
6 無事《ぶじ》 ― 息災《そくさい》
7 相違《そうい》 ― 差異《さい》
8 腕前《うでまえ》 ― 技量《ぎりょう》
9 誇張《こちょう》 ― 大仰《おおぎょう》
10 混雑《こんざつ》 ― 雑踏《ざっとう》

七 漢字と送りがな

各2点 計10点

1 巻《ま》きつく
2 健《すこ》やか
3 被《こうむ》る
4 抱《いだ》け
5 悩《なや》ましい

八 四字熟語

グレーの部分は解答の補足です。

各2点 計20点

1 安全保障《あんぜんほしょう》
2 理非曲直《りひきょくちょく》
3 極悪非道《ごくあくひどう》
4 一部始終《いちぶしじゅう》
5 温故知新《おんこちしん》
6 一視同仁《いっしどうじん》
7 人海戦術《じんかいせんじゅつ》
8 離合集散《りごうしゅうさん》
9 主客転倒《しゅかくてんとう》
10 思慮分別《しりょふんべつ》

国外からの侵略に対して、国家の安全を保障すること。

物事のよしあし。類語に「是非曲直」「是非善悪」がある。

人として行う道にはなはだしくそむいた、悪い行い。

物事の始めから終わりまでのいっさいのこと。

前に学んだことや古いことを研究して、それによって現代のことを知ること。

差別することなく、すべての人を平等に愛すること。

多数の人員を投じて仕事を完成させること。

離れたり集まったり、また、集まったり散ったりすること。

人や物事の軽重が逆になること。「主客」は「しゅきゃく」とも読む。

よく考えて判断すること。また、その能力。

九 誤字訂正

グレーの部分は誤字・正字を含む熟語です。

各2点 計10点

［誤］ ［正］

1 修学 → 就学
2 復貴 → 復帰
3 郎読 → 朗読
4 本革 → 本格
5 放致 → 放置

十 書き取り

グレーの部分は解答の補足です。

各2点 計40点

1 映像《えいぞう》
2 展開《てんかい》
3 改善《かいぜん》
4 専属《せんぞく》
5 宗教《しゅうきょう》
6 胃下垂《いかすい》
7 諸説《しょせつ》
8 依存《いそん》
9 地球儀《ちきゅうぎ》
10 環境《かんきょう》
11 降《ふ》る
12 任《まか》せる
13 公《おおやけ》
14 眼鏡《めがね》
15 鋼《はがね》
16 浮《う》かぶ
17 快《こころよ》く
18 己《おのれ》
19 紅葉《もみじ》
20 肩幅《かたはば》

2「展開《てんかい》」は、広げること、広がること。物事が次の段階に進んでいくこと。

6「胃下垂《いかすい》」は、胃の位置が異常に垂れ下がった状態。

7「諸説《しょせつ》」は、いろいろな説や意見、学説。また、いろいろなうわさ。

8「依存《いそん》」は、他のものに頼って存在したり、生活したりすること。「いぞん」とも読む。

14「眼鏡《めがね》にかなう」は、目上の人に気に入られたり、力を認められる。

問題は本冊P124〜129

一 読み

各1点 計30点

グレーの部分は解答の補足です。

1 ちょうば
2 たんしゅ
3 じゅんかん
4 きせき
5 むじんぞう
6 ふちん
7 せんぷうき
8 ぜせい
9 かよう
10 こうれい
11 せいじゃく
12 てんぷ
13 ちし
14 ろくじょう
15 こうそう
16 いしん
17 ていそ
18 とうてい
19 ふきゅう
20 ていこう
21 ふみ
22 かみかざり
23 いねかり
24 めぐらせる
25 さわいで
26 にぶる
27 ちゃつみ
28 いましめる
29 こむ
30 もより

2「丹朱《たんしゅ》」は、あかい色。赤色の絵の具。

5「無尽蔵《むじんぞう》」は、いくら取ってもなくならないほど豊富にあること。

6「浮沈《ふちん》」は、栄えることと、おとろえること。

8「是正《ぜせい》」は、悪い点を改め、ただすこと。

10「恒例《こうれい》」は、いつも決まって行われること。

12「添付《てんぷ》」は、書類などに他のものを添えること。

18「到底《とうてい》」は、(「到底〜ない」と打ち消しの語を伴《ともな》って)、どうやってみても(〜ない)。

二 同音・同訓異字

各2点 計30点

解答の下は選択肢の漢字を含んだ熟語です。

1 エ 偉《い》観《かん》
2 イ 北《ほく》緯《い》
3 ウ 違《い》反《はん》
4 イ 祝《しゅく》賀《が》
5 ア 我《が》欲《よく》
6 オ 風《ふう》雅《が》
7 オ 発《はっ》汗《かん》
8 エ 甘《かん》美《び》
9 イ 乾《かん》電《でん》池《ち》
10 イ 驚《きょう》嘆《たん》
11 ア 実《じっ》況《きょう》
12 エ 望《ぼう》郷《きょう》
13 オ 荒《あ》れる
14 エ 在《あ》る
15 ウ 編《あ》む

1「偉観《いかん》」は、すばらしいながめ。堂々とした光景。

5「我欲《がよく》」は、人のことを考えず、自分の利益のみを得ようとする欲望。

8「甘美《かんび》」は、甘くてうまいこと。また、うっとりと快く感じられること。

10「驚嘆《きょうたん》」は、すばらしさにひどく感心すること。おどろいて感心すること。

12「望郷《ぼうきょう》」は、ふるさとをなつかしく思いやること。

三 漢字識別

各2点 計10点

□の中は共通する漢字です。

1 カ 執《しっ》権《けん》・確《かく》執《しつ》・執《しゅう》着《ちゃく》
2 コ 惨《さん》劇《げき》・悲《ひ》惨《さん》・惨《さん》事《じ》
3 キ 拓《たく》殖《しょく》・開《かい》拓《たく》・魚《ぎょ》拓《たく》
4 ア 追《つい》徴《ちょう》・象《しょう》徴《ちょう》・特《とく》徴《ちょう》
5 ウ 感《かん》触《しょく》・触《しょく》発《はつ》・触《しょっ》覚《かく》

四 熟語の構成

各2点 計20点

1 イ
2 エ
3 ウ
4 ア
5 オ
6 イ
7 エ
8 ウ
9 エ
10 ア

送迎《そうげい》 送(る)⟷迎(える)
鎖国《さこく》 鎖(とざす)↑国(を)
堅持《けんじ》 堅(く)↓持(つ)
更改《こうかい》 どちらも「新しいものに入れかえる」意。
不精《ぶしょう》 不(否定)+精(はげむ)。「はげまない、なまける」
攻防《こうぼう》 攻(める)⟷防(ぐ)
浸水《しんすい》 浸(る)↑水(に)
剣道《けんどう》 剣(の)↓道
屈指《くっし》 屈(する)↑指(を)
映写《えいしゃ》 どちらも「うつす」意。

五 部首

グレーの部分は部首の名前です。

各1点 計10点

1 エ 頁 おおがい
2 ウ 疋 ひき
3 ア 月 にくづき
4 イ 黒 くろ
5 イ 舌 した
6 ウ 夕 ゆうべ た
7 ア 大 だい
8 エ 耳 みみ
9 ア 刂 りっとう
10 ウ 口 くち

六 対義語・類義語

グレーの部分は問題の熟語です。

各2点 計20点

1 支出《ししゅつ》—収入《しゅうにゅう》
2 無口《むくち》—多弁《たべん》
3 野生《やせい》—飼育《しいく》
4 親切《しんせつ》—冷淡《れいたん》
5 専任《せんにん》—兼任《けんにん》
6 諸用《しょよう》—雑務《ざつむ》
7 落日《らくじつ》—斜陽《しゃよう》
8 気化《きか》—蒸発《じょうはつ》
9 理解《りかい》—解釈《かいしゃく》
10 秘境《ひきょう》—奥地《おくち》

七 漢字と送りがな

各2点 計10点

1 従《したが》っ
2 険《けわ》しい
3 詳《くわ》しい
4 慎《つつし》み
5 盗《ぬす》み

八 四字熟語

グレーの部分は解答の補足です。

各2点 計20点

1 空前絶後《くうぜんぜつご》
2 一知半解《いっちはんかい》
3 真一文字《まいちもんじ》
4 上意下達《じょういかたつ》
5 抱腹絶倒《ほうふくぜっとう》
6 故事来歴《こじらいれき》
7 延命息災《えんめいそくさい》
8 一族郎党《いちぞくろうとう》
9 集中豪雨《しゅうちゅうごうう》
10 衆人環視《しゅうじんかんし》

以前にそれと同じような物事がなく、将来もないだろうと思われるほど、ごくまれなさま。

物事を半分だけ理解していること。なまはんかな知識や理解。

「一」の字のようにまっすぐなこと。一直線であること。

上位にある人の考えや命令を、下の者に伝えること。

腹を抱えて転げまわるほど大笑いすること。

昔から伝わっている事物についてのいわれと歴史。「故事」は「古事」とも書く。

命をのばし、災いをなくすこと。「延命」は「えんみょう」とも読む。

家族や関係者のすべて。「郎党」は「ろうどう」とも読み、「郎等」とも書く。

局地的に、短時間に激しく大量に降る雨。

多くの人が取り巻いて見ていること。物事が自目のもとにさらされることについてもいう。

九 誤字訂正

グレーの部分は誤字・正字を含む熟語です。

各2点 計10点

［誤］［正］

1 体燥 → 体操
2 終寝 → 就寝
3 重豊 → 重宝
4 与儀 → 余儀
5 弾固 → 断固

十 書き取り

グレーの部分は解答の補足です。

各2点 計40点

1 骨格《こっかく》
2 染料《せんりょう》
3 暖流《だんりゅう》
4 批判《ひはん》
5 異存《いぞん》
6 武将《ぶしょう》
7 系列《けいれつ》
8 辞任《じにん》
9 猛獣《もうじゅう》
10 香料《こうりょう》
11 盛《も》る
12 激《はげ》しく
13 縦《たて》
14 著《いちじる》しく
15 臨《のぞ》んだ
16 芝《しば》居《い》
17 筋《すじ》
18 童《わらべ》
19 掘《ほ》って
20 祈《いの》り

2「染料《せんりょう》」は、おもに繊維《せんい》などを染めるのに用いられる色素。

3「暖流《だんりゅう》」は、まわりの海水より暖かい海流のこと。黒潮はその代表。

4「批判《ひはん》」は、物事のよしあしについて検討し、判断・評価すること。

13「横《よこ》のものを縦《たて》にもしない」は、本来縦になっているはずのものが横になっていても、直そうともしない。めんどうくさがって何もしないさま。

問題は本冊P130〜135

一 読み

各1点 計30点

グレーの部分は解答の補足です。

1 こうき
2 しっとう
3 けんにん
4 きねん
5 かいりつ
6 りょうはん
7 けいこう
8 たんもの
9 こうれい
10 ごようたつ ごようたし
11 ふよ
12 ていしょく
13 じんもん
14 ぐしん
15 たんたん
16 しんみょう
17 ひふく
18 あんやく
19 くのう
20 えいきょう
21 たえる
22 ねぐるしい
23 しずく
24 かげり
25 いかり
26 めぐみ
27 なげかわしい
28 こわくて
29 かかえる
30 ゆくえ

1「光輝《こうき》」は、名誉。ほまれ。
4「祈念《きねん》」は、神仏にいのること。
9「恒例《こうれい》」は、いつも決まって行われること。
11「賦与《ふよ》」は、分けあたえること。配りあたえること。
12「抵触《ていしょく》」は、ふれること。さしさわること。
13「尋問《じんもん》」は、問い正すこと。
14「具申《ぐしん》」は、上役や上位の機関に、意見や事情、計画を詳しく申し述べること。
25「怒《いか》り心頭《しんとう》に発《はっ》する」は、激しく怒る。

二 同音・同訓異字

各2点 計30点

解答の下は選択肢の漢字を含んだ熟語です。

1 オ 屈従《くつじゅう》
2 ウ 拾《じゅう》
3 イ 一角獣《いっかくじゅう》
4 イ 色彩《しきさい》
5 オ 決済《けっさい》
6 ウ 連載《れんさい》
7 イ 戯画《ぎが》
8 ア 縁起《えんぎ》
9 エ 儀礼《ぎれい》
10 エ 稿料《こうりょう》
11 イ 香料《こうりょう》
12 ア 事項《じこう》
13 イ 透《す》き
14 エ 吸《す》い
15 オ 捨《す》てる

1「屈従《くつじゅう》」は、相手の力や勢いに負けて、しかたなく従うこと。屈服。
5「決済《けっさい》」は、代金や商品、証券の受け渡しによって売買取引を済ませること。
7「戯画《ぎが》」は、おもしろおかしく、こっけいに描いた絵。風刺画。
10「稿料《こうりょう》」は、原稿料。

三 漢字識別

各2点 計10点

□の中は共通する漢字です。

1 キ 信仰《しんこう》・仰天《ぎょうてん》・仰視《ぎょうし》
2 ア 多岐《たき》・分岐《ぶんき》・岐路《きろ》
3 イ 釈然《しゃくぜん》・解釈《かいしゃく》・釈明《しゃくめい》
4 ウ 趣味《しゅみ》・情趣《じょうしゅ》・趣旨《しゅし》
5 カ 刺激《しげき》・風刺《ふうし》・刺客《しかく》

四 熟語の構成

各2点 計20点

1 ウ
2 ア
3 イ
4 エ
5 エ
6 オ
7 ウ
8 イ
9 エ
10 ア

極秘《ごくひ》 極(絶対に)↓秘(密にする)
蓄積《ちくせき》 どちらも「あつまる、つもる」意。
貸借《たいしゃく》 貸(す)⇔借(りる)
越境《えっきょう》 越(す)↑境(を)
迎春《げいしゅん》 迎(える)↑春(を)
未踏《みとう》 未(いまだ)踏(まず)。「まだ踏まない」
路傍《ろぼう》 路(みちの)↓傍(そば、近く)
可否《かひ》 可(賛成)⇔否(反対)
脱衣《だつい》 脱(ぐ)↑衣(服を)
依頼《いらい》 どちらも「たよる」意。

五 部首

グレーの部分は部首の名前です。

各1点 計10点

1 ウ 阝 こざとへん
2 エ 隶 れいづくり
3 ウ 力 ちから
4 ア 巛 かわ
5 エ 日 ひ
6 ウ 心 こころ
7 イ 歹 かばねへん いちたへん がつへん
8 ウ 言 げん
9 ア 氵 さんずい
10 エ 艹 くさかんむり

六 対義語・類義語

グレーの部分は問題の熟語です。

各2点 計20点

1 富豪《ふごう》―貧民《ひんみん》
2 上辺《じょうへん》―奥底《おくそこ》
3 離反《りはん》―和合《わごう》
4 流行《りゅうこう》―不易《ふえき》
5 供給《きょうきゅう》―需要《じゅよう》
6 面目《めんぼく めんもく》―肩身《かたみ》
7 寸時《すんじ》―一刻《いっこく》
8 薄情《はくじょう》―冷淡《れいたん》
9 善悪《ぜんあく》―是非《ぜひ》
10 普通《ふつう》―尋常《じんじょう》

七 漢字と送りがな

各2点 計10点

1 縮《ちぢ》まる
2 計《はか》らう
3 鈍《にぶ》る
4 忙《いそが》しい
5 溶《と》かし

八 四字熟語

グレーの部分は解答の補足です。

各2点 計20点

1 直情径行《ちょくじょうけいこう》
2 速戦即決《そくせんそっけつ》
3 天地無用《てんちむよう》
4 得意満面《とくいまんめん》
5 表裏一体《ひょうりいったい》
6 単刀直入《たんとうちょくにゅう》
7 有名無実《ゆうめいむじつ》
8 比翼連理《ひよくれんり》
9 率先垂範《そっせんすいはん》
10 前途多難《ぜんとたなん》

周りのことを考えずに、自分の感情のままに行動すること。

長期戦にならないよう、短時間で決着をつけること。

荷物の上下を逆にしてはいけない意。

荷物の外側に書き記す言葉。

望み通りになって満足した気持ちが顔いっぱいにあらわれるようす。

相反するように見える二つのものが、根本では一つにつながっていること。また、その関係。

いきなり本題に入ること。すぐに問題の要点に入ること。

名ばかりで実質がそれに伴《ともな》わないこと。また、評判と実際が違っていること。

夫婦の愛情の深いこと。

人々の先に立って、自ら模範を示すこと。

将来、いろいろと困難の多いことが予想されること。

九 誤字訂正

グレーの部分は誤字・正字を含む熟語です。

各2点 計10点

	[誤]		[正]
1	公集	↓	公衆
2	討ち	↓	打ち
3	念料	↓	燃料
4	拝慮	↓	配慮
5	建康	↓	健康

十 書き取り

グレーの部分は解答の補足です。

各2点 計40点

1 閣議《かくぎ》
2 蔵本《ぞうほん》
3 段落《だんらく》
4 洗練《せんれん》
5 牛乳《ぎゅうにゅう》
6 密閉《みっぺい》
7 模造紙《もぞうし》
8 支援《しえん》
9 三振《さんしん》
10 握力《あくりょく》
11 努《つと》めて
12 痛《いた》い
13 罪《つみ》
14 除《のぞ》き
15 探《さぐ》る
16 病《や》む
17 夢《ゆめ》
18 陰《かげ》
19 咲《さ》く
20 疲《つか》れ

1「閣議《かくぎ》」は、大臣が集まって開く会議。

2「蔵本《ぞうほん》」は、所蔵している書物。蔵書。

4「洗練《せんれん》」は、優雅で品位の高いものにすること。みがきあげたものにすること。

6「密閉《みっぺい》」はすきまなく、ぴったりと閉じること。

7「模造紙《もぞうし》」は、化学パルプで作った上質の洋紙。

13「罪《つみ》ほろぼし」は、よい行いをして過去の罪のつぐないをすること。

16「気《き》に病《や》む」は、心配する。悩む。

矢印の方向に引くと別冊が外れます